鷺沢玲子の
花のキルト

やさしい暮らしを彩る
パッチワークキルト

キルトおぶはーと　鷺沢玲子

Introduction

　パッチワークキルトにはさまざまな物を表現するパターンがあります。この本では春夏秋冬の花に注目し、幾何学模様やアップリケで四季や自然を楽しむことができるパターンを使いました。暮らしの中で感じる季節とそれぞれの季節感があふれるパターンを楽しみながら作品を作りました。

　私たちの住む地球は、気候変動の影響で気持ちのよい春と爽やかな秋がほんの少しだけになりつつありますが、くっきりと春夏秋冬の季節が戻ってきてくれることを願って、作品を提案してみました。

　皆さんに本書で日本の四季の花を感じていただけると幸いです。

鷲沢玲子

Contents
もくじ

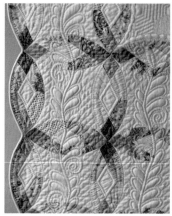

この本について

春夏秋冬にわけて花や葉っぱなど植物を表現したキルトを掲載しています。
花や季節をどのように表現するか、キルトには表現方法や技法がたくさんあり、そこがおもしろさでもあります。
色以外にこの本で使っている技法を紹介します。

パターン

花や植物のパターンはたくさんあります。伝統的なトラディショナルパターンもありますし、縫いたい花のパターンがなければ自分で考えてみるのも楽しいチャレンジです。34ページのバラのパターンは伝統パターンから、28ページのリネアは新しく考えたパターンです。

アップリケ

花の形をそのまま写しとるようなアップリケは簡単でもあり難しくもあります。見たそのままを表現すればいいのですが、よりその植物らしくどこを省いてどこを目立たせるか、形はどうするか。布で絵を描くということなので、自由に表現してみてください。

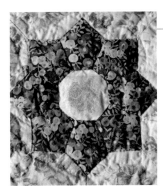

花柄を使う

パッチワークパターンは幾何学の組み合わせです。その形が花のように見えることもあれば違うものに見えることもあります。花柄を使い、花のように配色することで幾何学模様から花が生まれてきます。ピース自体が小さいので、大柄ではなく小さめの柄がおすすめです。花柄をどう使うかは自分のセンスです。

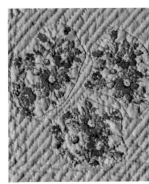

ブローダリーパース

花柄を切り抜いてそのままアップリケするという技法です。小紋のような柄ではなく、大柄の花やブーケなどがひとつひとつ描かれている柄を使います。アップリケよりも簡単に見えますが、柄をどう配置するか、お気に入りの布を見つけられるかなどの布との出合いが大切です。

フリーステッチ　刺繍

アップリケは布で花を描きますが、刺繍は糸で花を描きます。フリーステッチは具象的な花を描くのにぴったりです。線と面、どちらでも描けるので、布よりも繊細な表現ができます。キルトには布と組み合わせてポイント的に入れています。

ギンガムステッチ

チェックの布を使って簡単に刺繍できます。スイスステッチとも言います。格子に合わせてクロスステッチの要領で刺し、ステッチの間に糸を渡すことでさまざまな模様を描きます。どう糸を渡すかで花のように見せることもでき、布の色と糸の色の組み合わせも楽しめます。

キルティング

キルトの醍醐味であるキルティングです。パッチワークキルトではほかの表現方法に比べて目立たないキルティングですが、デザインに合わせた花のキルティングが入っているととてもすてきです。基本的にどんな図案でも描け、繊細で美しい表現になります。

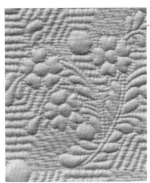

トラプント

イタリアのキルトの技法です。キルティングした部分に裏から毛糸や綿を詰めて立体感を出します。花のキルティングが立体になることで陰影が出て美しさがきわ立ちます。パッチワークやパターンを引き立てるキルティングと違い、トラプント自体が主役となります。ホワイトキルトのひとつなので白い布で作るのが定番です。

春 の キ ル ト
Spring

春の暖かさを感じさせるようなやさしい色合い。花畑のように花に包まれているようなデザイン。ひとつのモチーフで表現するのではなく、ふわっと全体が春らしく優しい気持ちになるようなキルトです。

 ## イン ブロッサム　春のキルト

In blossomとは花盛りという意味です。ヘキサゴンのワンパッチでたくさんの花を咲かせました。赤い花のブロックを繰り返して規則正しく配置し、間に水色と白のヘキサゴンの帯を小道のように挟むことで、植物園や庭園のような雰囲気になります。

制作　鷲沢玲子

How to make >> 65page

窓ぎわのソファに掛けて。キルトに落ちる植物の影が似合います。

白地はレースっぽい織り模様で柔らかい布。よく見ると小さな小さなバラの蕾を柄どりしています。

陽だまりのベビーキルト

8ページのキルトのひとつのブロックだけを抜き出してベビーキルトにしました。ベビーキルトらしいやさしい黄色と白の組み合わせ。ヘキサゴンのサイズも大きくして縫いやすく、落としキルティングだけで柔らかく仕上げました。

制作　山本由里子

How to make >> 66page

 若草のテーブルコーディネート

こちらも8ページのキルトの中心部分だけを取り出してマットとコースター
にしました。水色とグリーンのみずみずしく柔らかい若草のようなイメージ
です。コースターは大きめのヘキサゴン7枚で形を生かして作ります。

制作　鷺沢玲子、内山美穂、舘石恵子

How to make >> 67, 68page

レ フ ルール　花のキルト

Les Fleurs とは花々という意味です。2種類
の花のブロックでうめつくし、周囲をスカ
ラップ模様にしてレースっぽくまとめるこ
とで花束や花籠のような雰囲気の一枚に仕
上げました。使っている花柄はよく見ると
強い色や個性的なものでも、全体としてや
さしく華やかにまとまります。

制作　本間真弓

How to make >> 70page

ボーダー部分はアップリケ、ギンガムステッチ、トラプントと凝ったデザイン。白とパープルですっきりまとめて上品に。

すべて花柄。色と柄の大きさの組み合わせが絶妙。

大人の花あわせのミニキルト

14ページのキルトの2種類の花のブロックだけで作ったミニキルトです。個性的ながら落ち着いたピンク系の布でまとめた、少しドラマチックな大人の布合わせ。春陰の中に咲く、花々の力強さを感じさせる一枚です。

制作　尹惠鄉

How to make >> 69page

レトロモダンなバッグとポーチ

14ページのキルトの見方を変えてブロック
を取り出し、再構成しました。キルトでは繋
ぎの部分だった正方形のピースとその周囲
のオクタゴン（八角形）を繋いでいます。横
の帯になるように、オクタゴンの布を濃淡を
つけながら配置。ぺたんこの形は作りやす
くてすっきり使いやすいのでおすすめです。

制作　宮崎清子、渡辺多惠子
How to make >> 72, 74page

バッグは大柄が欠けるように、ポーチはオクタゴンの中心に柄がくるように布を取っています。

カラフルチューリップ

布で作る立体のチューリップです。
写真のようにカラフルなプリント
を使っても、無地で作ってもどち
らもかわいくできます。簡単なの
で何本も作って、花瓶やジャグに
入れて飾ってみてください。

制作　田島信子

How to make >> 21page

チューリップの作り方
実物大型紙は 75 ページ

花は大小2種類のサイズを作ると、まとめたときに変化が出てすてきです。花に詰める綿はしっかりと多めに入れたほうがきれいな形の花になります。わかりやすいように赤い糸を使っていますが、布と近い色の糸を使ってください。

材料 (1本分)

花
茎
葉

花用布25×10cm　葉用布45×15cm　茎用布幅2×長さ70cm　長さ36cm20番ワイヤー2本　キルト綿幅1×長さ70cm　手芸綿、布用ボンド各適宜
花と葉は縫い代1cmをつけてカットし、茎は幅2cm長さ70cmくらいに裂き、キルト綿は幅1cm長さ70cmくらいにカットします。

1 花2枚を中表に合わせてカーブの1辺を印から印まで縫います。縫い始めと縫い終わりは返し縫いをします。

2 残り1枚を1に中表に合わせて2辺を同様に縫います。下のあいた袋状になりました。カーブの縫い代に切り込みを入れます。

3 表に返して下の縫い代を内側に折り、ぐるりと1周あらめのぐし縫いをします。糸はそのままにしておきます。

4 中に途中まで手芸綿を詰めます。

5 ワイヤーにボンドを少しずつつけながら、上からキルト綿を巻いていきます。下まで隙間なくしっかり巻きます。

6 茎用布の裏にボンドを少しずつつけ、5のキルト綿を巻いた上に巻きます。上端は1cmほど折り曲げておきます。

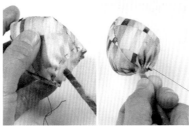

7 茎の曲げた側を花に差し込み、追加の綿を詰めます。ぐし縫いを引き絞り、花と茎を縫い合わせます。

8 葉の表と裏を中表に合わせて下側を残してカーブの2辺を縫います。カーブの縫い代に切り込みを入れます。表に返してアイロンで形を整えます。

9 ワイヤーを半分にカットしてボンドをつけ、葉の下から中に入れます。葉先から1～1.5cmの位置まで差し込み、指でワイヤーの両側を押さえて固定します。葉から出ている部分のワイヤーはカットしておきます。

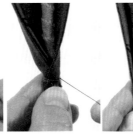

10 茎の花首から20cmくらいの位置に葉の根元を巻き、糸で巻いてしばります。次にもう1枚の葉をその2cmくらい下の位置に巻いて同様に糸でしばります。

11 葉を開いて形を整えます。これで完成です。

夏のキルト
Summer

お部屋に清涼感をもたらしてくれるようなさわやかな色使いや、夏の日差しにも負けないような明るい色。白ベースをいかしたり、パターンでシンプルにまとめます。

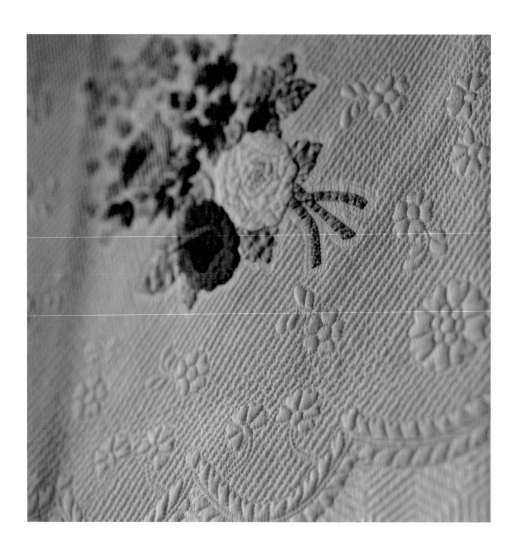

 ## ダイヤモンドウエディングリングのキルト

左右非対称なデザインのかっこよさが、トラプントとブーケのアップリケの繊細な美しさをより引き立てます。白地部分は中心のアップリケ以外はすべてトラプントです。中央のトラプントは赤い糸を詰めてほんのりと赤い色を透けさせて、周囲の真っ白と差をつけています。トラプントの陰影で花が浮き上がっています。

制作　鷺沢玲子
参考作品

ダブルウエディングリングはダイヤモンドの形。ここにも葉っぱのトラプントがしっかり入っています。

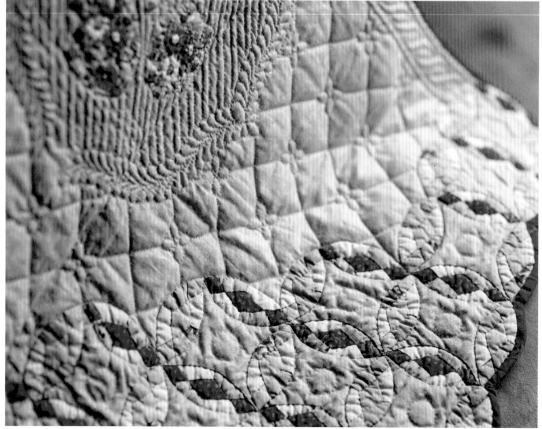

キルティングの交差部分に花の模様を入れました。

太陽の輝きのミニタペストリー

22ページのキルトを小さくしたデザインです。
ダブルウエディングリングが日差しできらきら
と輝くようなイメージのキルトです。小さくす
ると中央のブーケのアップリケが細かくなりす
ぎるので、花柄をくり抜くブローダリーパース
にしました。

制作　岡本香代

How to make >> 76page

25

 ウエディングポーチ

ダイヤモンドウエディングリングの円をひとつだけでポーチにしました。円ひとつをパイピングし、2枚を巻きかがって仕立てるので簡単です。中央のスペースには自由にキルティングや刺繍をしてオリジナリティーを出してください。

制作　勝又今日子、酒井博子、鈴木ひろ子、長瀬市子、峯岸柳子、安岡和美、渡辺万里子

How to make >> 77page

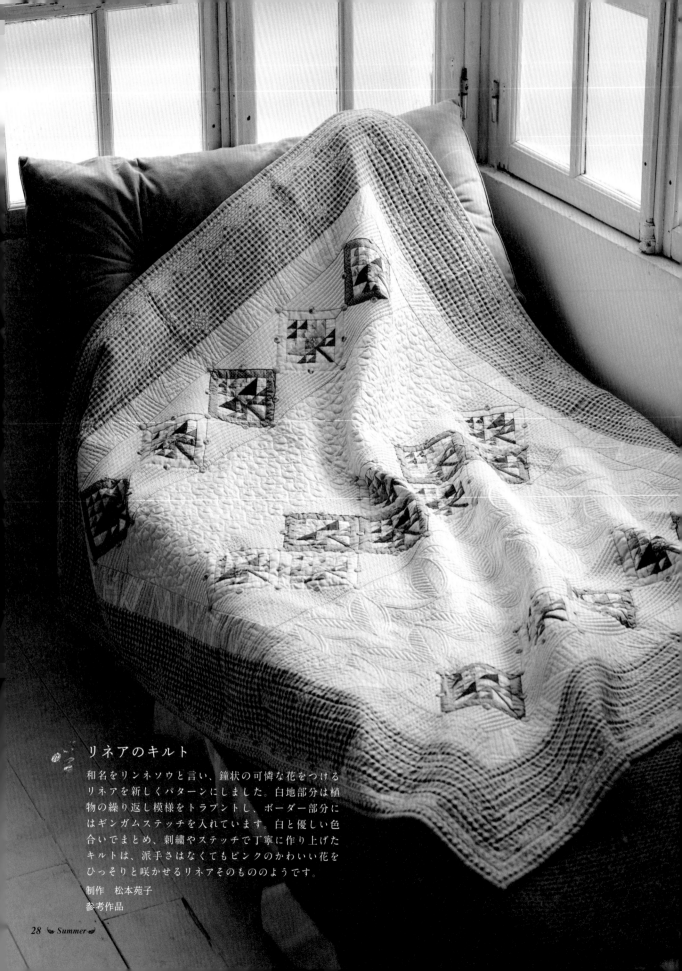

リネアのキルト

和名をリンネソウと言い、鐘状の可憐な花をつける
リネアを新しくパターンにしました。白地部分は植
物の繰り返し模様をトラプントし、ボーダー部分に
はギンガムステッチを入れています。白と優しい色
合いでまとめ、刺繍やステッチで丁寧に作り上げた
キルトは、派手さはなくてもピンクのかわいい花を
ひっそりと咲かせるリネアそのもののようです。

制作　松本苑子
参考作品

リネアのベビーキルト

28ページのリネアのキルトをベビーキルトサイズに構成し直しました。シンプルにパターンを並べ、青×赤でさわやかに。パターンの間はトラプントでライン状の模様を入れています。色数を絞ることでまとまりが出て、より夏らしい一枚になりました。

制作　桐原純子

How to make >> *80page*

 BOOK型ソーイングケース

リネアのパターンをひとつ前面にピーシングして本の表紙のようにしました。表紙をめくれば内側は箱状なので、自分仕様のお道具を入れられるようになっています。仕切りを作ったりポケットをつけたりして工夫してみてください。

制作　有木律子、岩村尚子、河津洋子、榊原きみ子、清水文子、徳永由美子、富岡みさ子、仲田美智子、長瀬市子、藤縄景子、松木千香恵、町田律子、矢島洋子、薬品恵子

How to make >> 32page

BOOK型 ソーイングケースの 作り方

構成図と実物大型紙は78ページ

背と周囲の2か所にトラプントをしています。内側の箱部分には厚紙を入れるので少し縫いにくくなりますが、しっかりと押さえて縫えばきれいに仕上がります。縫い始めと縫い終わりは返し縫いをし、目立たない色の糸で縫ってください。

材料

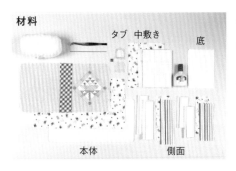

パターン用布各種　本体用布（タブ分含む）40×25cm　背用布10×25cm　裏布（中敷き、箱裏布分含む）80×30cm　箱側面布35×10cm　底布20×20cm　厚紙35×25cm　直径1cm縫いつけマグネットボタン1組　接着キルト綿、接着芯、トラプント用毛糸、ボンド各適宜

キルト綿、接着芯、厚紙は裁ち切り。ほかは0.7の縫い代をつけてカットします。トップはピーシングをしてまとめ、キルティングラインも描いておきます。60ページを参照してトラプント用の針も用意します。

1 トップに接着キルト綿を貼ります。接着キルト綿は裁ち切りなので、トップの出来上り線に合わせて貼ります。

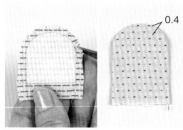

2 タブの1枚に裁ち切りの接着芯を貼り、もう1枚と中表に合わせて縫います。縫い代に切り込みを入れて表に返します。形を整えて端から0.4cmほど内側にステッチを入れます。

3 トップのタブつけ位置にタブを中表に合わせて縫い代部分を大きな針目で縫って仮留めします。

4 トップと裏布を中表に合わせ、後ろ下側に返し口を残して周囲を縫います。

5 返し口から表に返し、縫い代を折り込んでコの字とじでとじます。

6 前後、背にそれぞれ十字にしつけをかけ、最後に周囲にもぐるりとかけます。

7 印通りにキルティングをし、ピースのきわにも落としキルティングをします。

8 トラプントをします（60ページ参照）。トラプント針に毛糸を通して2本取りにし、裏布側から針を入れます。まず背のキルティングの間に4本、次に周囲に毛糸を通します。

9 カバー部分ができました。

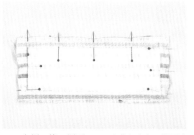

10 内側の箱の側面パーツを作ります。側面布に裁ち切りの接着キルト綿を貼り、裏布と中表に合わせてまち針で止めます。底に返し口を残して周囲を印から印まで縫います。

11 表に返して形を整えます。これを長辺2つ、短辺2つ作ります。

12 底布と側面パーツを中表に合わせ、裏布をよけて印から印まで縫います。側面パーツの縫い代は一緒に縫ってかまいません。

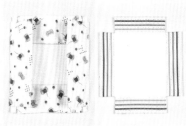

13 ほかの3辺も同様に縫います。縫い代を裏に折り返すと、箱を広げた展開図のような形になります。

14 側面パーツの底から厚紙を差し込みます。端まできちんと入れてください。

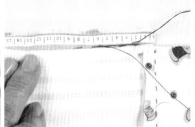

15 側面パーツの底の口をぐし縫いしてとじます。底布をよけて側面パーツの表布と裏布のみを縫います。

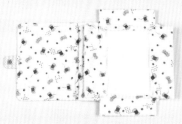

16 カバー部分の裏に箱部分を重ねます。右の端がカバーのキルティングラインに合うように重ねます。

17 側面パーツを内側に倒し、側面パーツの表布とカバー部分の裏布をすくってまつります。指で押さえながらぐるりと1周まつります。

18 次に隣り合う側面パーツ同士を外表に合わせて角をコの字とじでとじます。まち針が刺せないので指でぎゅっと押さえて縫います。

19 中敷きを作ります。裁ち切りの厚紙に裁ち切りのキルト綿を重ね、裏にボンドをつけて布でくるんで貼ります。

20 中敷きを箱の内側に入れ、タブと側面パーツにマグネットボタンをつけます。先にタブにつけてから側面の位置を合わせてつけるときれいです。

21 これで完成です。内側はポケットや仕切りをつけて自分仕様にカスタマイズしてください。

秋のキルト
Autumn

しっかりとした深い色を使って、カラフルながらも落ち着いた色合いに。パターンとアップリケで植物を描き、色合わせや形で遊びました。

 ローズガーデンのキルト

バラのパターンとストライプの組み合わせがモダンな雰囲気です。ボーダー部分はこげ茶と花柄を交互に配置し、フェンス越しに花が見えるようなイメージにしました。バラのパターンの間は白地にグリーンで植物を描いたプリントで統一してすっきりと。

制作　田中尚子

How to make >> 82page

 一輪のバラのコースター

34ページのキルトのパターンをコースターにしました。バラにもたくさんの種類があるように、
布の組み合わせでいろいろな種類のバラを表現してください。

制作　井川範子、井口節子、伊藤和子、岩下美保子、植田章子、加藤潤子、川手和子、栗坂多恵子、
佐藤登志子、鈴木直子、広瀬美由己、藤浪里佳、法兼悦、星野尚子、山田初美、渡部佳子

How to make >> 81page

ストライプのトートバッグ

34ページのキルトのボーダー部分だけを
取り出してストライプのバッグにしまし
た。縁のスカラップもバッグの口にその
ままいかします。無地とどんな花柄を組
み合わせるのかを考えるのが楽しくなる
バッグです。赤いバッグは無地部分に細
かい水玉を使っています。裏布がちらっ
と見えたときにポイントになるので、裏
布の色にも気を配ってください。

制作　植田章子、山田初美

How to make >> *84page*

一枚で使うには派手な大
柄のプリントも、これな
ら楽しく使えます。

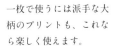

オリーブの小径のタペストリー

オリーブを4枚規則正しく並べ、周囲を小径のようにパターンで囲みました。
オリーブを緑色にせず、ボーダーに光沢のある深い緑色の布を使ってキルト全
体でオリーブの実りをイメージさせます。

制作　三浦百惠

How to make >> *86page*

オリーブでお部屋のコーディネート。同じ布で作
らなくても、モチーフや色を関連づけるだけでま
とまって見えます。

オリーブのクッション

40ページのデザインをクッションにしました。3つは
それぞれイメージの違う布合わせです。アップリケの
オリーブ自体は変わらなくても、ポップになったり
シックになったり布合わせの醍醐味です。

制作　石井節子、高橋叔子、福永能文子

How to make >> 88page

オリーブの額

キルトとはオリーブの向きを変えて額装
しました。キッチンや玄関など、どこに
でも飾りやすいサイズです。実に目がい
きがちですが、濃淡と柄行きを考えた
葉っぱの布選びもポイントです。

制作　有木律子、竹内靖子

How to make >> 87page

 冬青のキルト

緑の葉っぱの上にぶら下がるように赤い実をつけるかわいい姿をデザインしました。主に和布を使っていますが、色合わせやデザインからエスニックな雰囲気を感じさせます。上下の帯状につないだ繰り返しのデザインは、縦のラインが強調されてよりモダンな印象です。

制作　澤本文代

How to make >> 94page

 冬青のバケツ型バッグ

実の部分の縦長のデザインをそのままいかし、プリント布と色合わせでポップなバッグにしました。キルトの雰囲気とはまた違った幾何学的なおもしろさがあります。

制作　鈴木直子、星野尚子

How to make >> 90page

 お揃いポーチ

バッグとお揃いのぺたんこポーチです。前後に葉っぱが2枚ずつ、必要なものだけを入れて
おけるサイズです。実のアップリケは好みの位置にしてください。

制作　滝川克子、藤浪里佳

How to make >> 93page

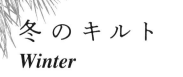

冬のキルト
Winter

冬の澄んだ空気を感じさせる落ち着いた色合いや、クリスマスカラーの小物たち。冬はキルトの活躍する季節です。

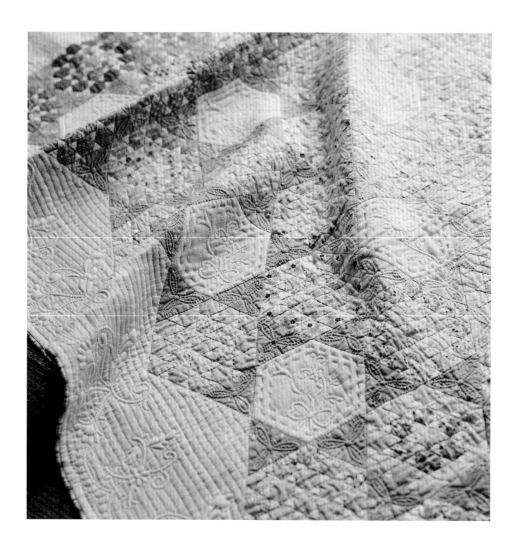

穏やかな時間　冬花のキルト

パターン部分は六角形と三角形だけをつないで作ります。外から内に向けてだんだんと淡くグラデーションになるように配色し、白無地部分には流れるようなライン状の花のトラプントを入れて、やわらかで細やかなキルトに仕上げます。

制作　山本由里子

How to make >> 95page

雪解けのミニタペストリー

48ページのキルトのパターンを取り出してミニタペストリーに
しました。48ページのキルトが冬の穏やかな時間ならば、こち
らのキルトは冬から春へ、季節の移り変わりを感じさせる布選
びです。ボーダーにも花が溢れる布を選びました。

制作　一和多八重子

How to make >> 98page

ミニミニバッグ

パターン3つで作るミニミニバッグです。お
部屋で使う小物入れにしてもちょうどいい
サイズです。底の形も六角形です。

制作　鈴木貞子、染谷恭子、森田里江

How to make >> 96page

ボーダ部分の花のトラプント。細い茎がトラプントをすることで強調されます。

パターンの間の白地のトラプントは3種類の花を繰り返しています。

ミニタペストリーのトラプントは茎よりも花がメイン。紋章のようなデザインで。

クリスマスツリーのキルト

一度は作ってみたい大きなクリスマスツリーを大胆にデザインしたキルトです。赤と白のクリスマスカラーでシンプルに、背景にはトラプントでクリスマス飾り、刺繍でプレゼントやサンタクロースを描いています。ツリー部分にはクロスステッチの飾りがつけられる工夫も。

制作　西岡三枝子　参考作品

 クリスマスのためのクッション

キルトのボーダー部分のデザインをクッションにしました。クリスマスプリントを
使ったり、クリスマスカラーにすることで四角つなぎがクリスマス仕様になります。

制作　池田登志子、本間真弓

How to make >> *100page*

オーナメントを作って飾る
時間からクリスマスのわく
わくが始まっています。
靴下と人形は参考作品
制作　池田登志子

キャンドルのオブジェとハウスの小物入れ

ツリーの横に飾る小物も一緒に作ります。キャンドルは上下を
厚紙で形を作ってしっかりと立つようにします。ハウスの小物
入れは好きな布で作ればクリスマスシーズン以外も使えます。

制作
キャンドル：池田登志子、大屋泰子、西岡三枝子、本間真弓
ハウスの小物入れ：本間真弓

How to make ≫
キャンドル *110page*、
ハウスの小物入れ *106page*

クリスマスオーナメント
ハウスと小鳥

ツリーやガーランドにして飾りたい小
物たちです。小鳥たちは「NOEL」の
スペルのカードを持っています。ハウ
スはウールを使って暖かな印象に。

制作　ハウスと小鳥：池田登志子、
大屋泰子、西岡三枝子、本間真弓

How to make ≫
ハウス *108page*、小鳥 *102page*

ミニツリーのキルト

54ページの大きなキルトをぎゅっと小さく
して作りやすいサイズにしました。ツリー
の上のベツレヘムの星はアップリケではな
くピーシングです。背景のキルティングの
街並みがよく合います。

制作　大屋泰子

How to make >> 99page

花の表現方法を組み合わせる

この本で使われている8つの花の表現を5ページで解説しました。
どれか1つだけの場合もありますが、
大抵はいくつかの技法を組み合わせてキルトにしています。

a. 花柄とトラプントの組み合わせ。抽象的なパターン
に花柄を使って配色し、さらに具象的な花をトラプン
トしています。
b. 花のパターンと繰り返し模様のトラプント。パター
ンがはっきりとしているので、トラプントは具象的な
花ではなく模様的に入れることでバランスよく。
c. 花柄とパターンと刺繍の組み合わせ。刺繍はレゼー
デージーステッチを花のように刺します。
d. アップリケとトラプントのどちらもが具象的な花の
デザインです。具象的な花同士の組み合わせでも白の
トラプントならばけんかせずにアップリケの花をより
引き立ててくれます。

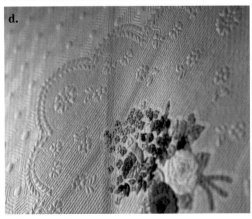

トラプントの
ドイリーの作り方

この本ではトラプントがたくさん使われています。キルティングだけでも美しいですが、トラプントは立体感が出るのでより存在感が増します。

実物大型紙はとじ込み付録B⑦

材料

本体用布、裏布、キルト綿各20×20cm　トラプント用毛糸適宜
ピンセット、トラプント針(長針と短針)も用意します。

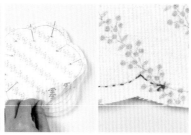

1 図案に布を重ねてアイロンで消えるペンで写します。裏布にも外側のラインのみ写しておきます。印から0.7cm外側をカットします。

2 布に合わせてキルト綿もカットし、表布と裏布を中表に合わせてキルト綿に重ねます。返し口を残して周囲を縫います。縫い始めと縫い終わり、へこんだ角の前後では返し縫いをします。

3 縫い目のきわで縫い代部分のキルト綿をカットします。表布と裏布の縫い代にへこみ部分は深く、カーブ部分は浅く切り込みを入れます。

4 表に返してカーブの形をきれいに整え、返し口の縫い代を折り込んでコの字とじでとじます。

5 カーブの対角線でしつけをかけ、キルティングをします。まずは中心の花から始め、斜め線、最後に周囲をキルティングします。

🦋 丸などのパーツに通す

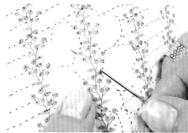

6 花芯から始めます。トラプント針に毛糸を通して2本取りにし、裏布側を見て裏布とキルト綿の間に糸を通します。まず中心から針を入れて反対側に出します。

7 刺し始めは0.1cmほど残して糸を引き、刺し終わりも0.1cmほど残して糸をカットします。右半分に同様に2針通します。

8 次に左半分にも2針通します。花芯に糸がまんべんなく通りました。

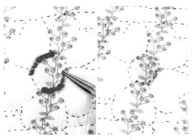

9 刺し始めと終わりに出ている糸をピンセットで押し込みます。こうすることで端までふっくらとしたトラプントになります。

10 ほかの花のパーツも右図を参考にして同様にして糸を通します。花が立体的になりました。

🦋 直線に通す

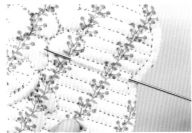

11 長いトラプント針に糸を通し、花芯と同様にまっすぐ針を入れて糸を通します。糸始末は花芯と同様です。

12 続けて延長線上の直線に針を入れて同様に糸を通します。

13 直線はキルティング1本おきにトラプントをします。

🦋 角のあるラインに通す

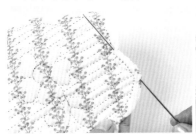

14 最後に周囲に糸を通します。カーブの山から針を入れて、へこんだ角でいったん針を出します。

15 糸を少し残して引き、同じ穴に針を入れます。このとき糸を刺さないように注意してください。

16 次の山で針を出して糸を引きます。へこんだ角の糸は引き切らないように写真くらい残します。最後にピンセットで押し込みます。あとは花芯や直線と同様です。

🦋 もっと長い直線に通す

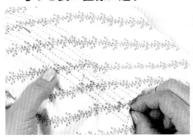

1 長い針でも足りない直線の場合は、いったん針を出して糸を引きます。布をたぐり寄せて針よりも少し長い距離に通して針を出します。

2 糸を少し残して引き、同じ穴に針を入れます。角のあるラインでは糸を引き切らないように残しましたが、直線の場合は写真のように糸を引き切ってもかまいません。

3 端まで通し終わったら布を少ししごきます。こうすることで布が引っ張られずにきれいなトラプントになります。

ギンガムステッチの
スマホケースの作り方

ギンガムチェックの布を利用して簡単にステッチをする方法です。
構成図と実物大型紙は111ページ

材料
本体用布、裏布、接着キルト綿各25×20cm　幅1cmストラップ用ブレード125cm　25番刺繍糸適宜

刺繍をするので本体は縫い代を多めにつけてカットし、本体のサイズに印をつけてギンガムステッチをする目印にします。刺繍針と刺繍枠も用意します。

✿ギンガムステッチ

※ダブルクロスステッチ

1 ギンガムチェックに沿って針を入れます。角に出し、斜め下に針を入れて隣の角に針を出します。

2 次に斜め上に針を入れて左中心に針を出します。

3 右中心に針を入れ、上中心に針を出します。

4 下中心に針を入れれば完成です。

※ダブルクロスステッチをまとめて刺す

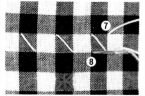

5 列ごとにまとめて刺す方法です。左上から右下に針を入れて隣に移ります。これを右に向かって必要なだけ繰り返します。

6 端まで刺したら右角に針を出し、左下に入れて隣に移ります。これを左に向かって繰り返します。

7 左端まで刺したら刺しやすいように回転させて上下を入れ替え、中心をランニングステッチの要領で一目ずつくいます。

8 最後は上下に刺したら完成です。このようにして必要なクロスステッチを刺します。

※サークルステッチ（ダブルクロスステッチに通す）

9 ここから糸を渡して模様を作ります。ダブルクロスステッチの角の横に針を出し、斜め下のダブルクロスステッチの角の糸に針を通します。引っかからないように頭側から通します。

10 最初のダブルクロスステッチに戻って針を通します。

11 これを2周繰り返し、次の角に針を出します。

12 ダブルクロスステッチに2周ずつ糸を通して菱形に模様を作ります。

※花のサークルステッチ

13 中心のダブルクロスステッチの右中心の糸の横から針を出し、隣上の糸に針を通します。

14 順番に上、横のダブルクロスステッチの糸に針を通して最初のダブルクロスステッチの上中心の糸に右から左に通します。

15 同様にして順番に糸を通して最初の右中心の糸に戻って通します。

16 これを2周繰り返し、最後は最初の糸の横に針を入れて裏に出します。

17 これで花の模様ができました。下も同様に糸を通します。

※サークルステッチ

18 ギンガムチェックひとマスずつを飛ばして縦横にストレートステッチを刺します。

19 下のストレートステッチの横から針を出し、左回りにストレートステッチの糸に通します。

20 2周通したら最初のストレートステッチのきわに針を入れて裏に出します。

21 続けて隣のステッチのきわに針を出し、同様に繰り返します。

22 ぐるりと1周したら完成です。

23 裏に裁ち切りの接着キルト綿を重ねてまち針で止め、表から当て布を当ててアイロンで接着します。

24 裏布と中表に合わせてまち針で止め、下に返し口を残して周囲を縫って表に返します。返し口の縫い代を折り込み、コの字とじでとじます。

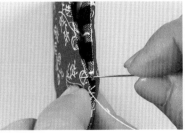

25 刺繍をよけてしつけをかけ、ステッチの周りにキルティングをします。これを前後2枚作ります。

26 2枚を中表に合わせ、表布だけをすくって巻きかがりをします。ケースの口は縫わずに残します。

27 脇から0.5cm内側にブレードを重ね、まつってつけます。もう1枚は対角線になるようにしてテープをつけます。これで完成です。

How to make

作品の作り方

- 図中の数字の単位はcmです。
- 構成図や図案の寸法には、特に表示のない限り縫い代を含みません。通常、縫い代はピーシングは0.7cm、アップリケは0.5cm、仕立ては1cmくらいを目安に。裁ち切りと表示のある場合は、縫い代をつけずに布を裁ちます。
- 指示のない点線は、縫い目、キルティングやステッチのラインを示しています。
- 材料の布の寸法は、布幅×長さで表記しています。用尺は少し余裕を持たせています。作品の寸法は縦×横です。
- キルティングをすると少し縮むので、周囲の縫い代に余分をつけておきます。
- 作品の出来上がりは、図の寸法と多少差の出ることがあります。

用語解説

- **裏布**　キルトの裏側につける布。
- **落としキルティング**　ピースやアップリケの縫い目のきわに入れるキルティングのこと。
- **キルト綿**　シート状の綿。トップ（表布）と裏布の間にキルト綿をはさみます。
- **キルティング**　裏布、キルト綿、トップの順に重ねて、小さな針目で3層を一緒にステッチすること。
- **トップ**　キルトの表布。ピーシングしているものも、一枚布もあります。
- **パイピング**　キルトの周囲を縫い代をバイアステープなどでくるんで始末すること。
- **ピーシング**　ピース同士を縫い合わせること。
- **ピース**　型紙で印をつけて裁った最小単位の布のこと。
- **ブロック**　パターンなど、キルトのデザインを構成するひとつ。
- **ボーダー**　ブロックの周囲につける帯状の布。
- **ラティス**　ブロック同士をつなぐ帯状の布。
- **ユニット**　ブロックを大まかに分割した単位。ピース同士を数枚接いで作ります。

❀ 材料

ピーシング用はぎれ各種
キルト綿、裏布各100×440cm
3.5cm幅パイピング用バイアステープ800cm

❀ 作り方のポイント

・ ブロックの配色の構成は、66ページ「ベビーキルト」の
　トップと共通。

❀ 作り方

①Aをピーシングしてブロックを13枚とその間のラティス部
　分を作る。
②ブロックと間のラティス部分を接いでトップをまとめる。
③トップの裏にキルト綿と裏布を重ねてしつけをかけてキル
　ティングする。
④周囲をパイピングで始末する。

実物大型紙
A

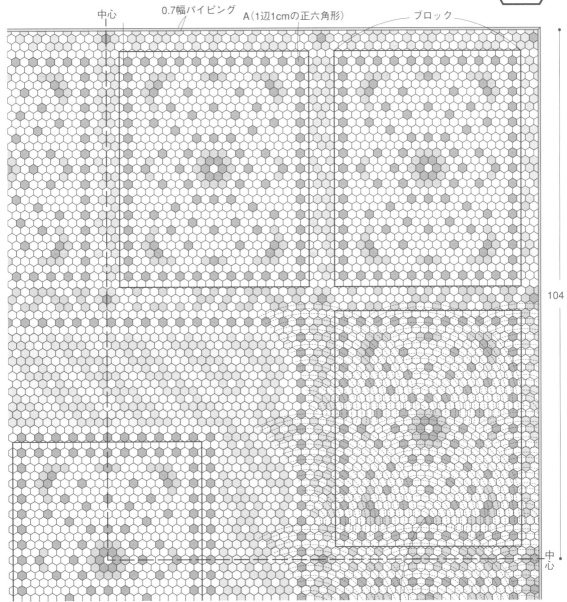

中心

0.7幅パイピング　A（1辺1cmの正六角形）　ブロック

104

中心

中心半径3cmの同心円で1幅キルティング

85.9

❀ 材料

ピーシング用はぎれ各種
キルト綿、裏布各90×100cm
3.5cm幅パイピング用布360cm

❀ 作り方

①Aをピーシングしてトップをまとめる。
②トップの裏にキルト綿と裏布を重ねてしつけをかけてキルティングする。
③周囲をパイピングで始末する。

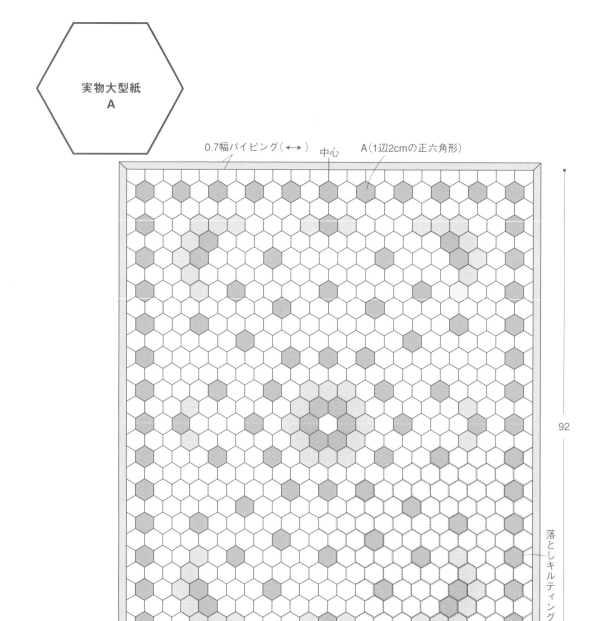

実物大型紙
A

0.7幅パイピング（←→）　中心　A（1辺2cmの正六角形）

92

77

落としキルティング

❀ 材料

花芯用布 10×10cm
花びら用布 20×15cm
キルト綿、裏布各 15×15cm
3.5cm幅パイピング用バイアステープ 50cm

❀ 作り方のポイント

・ 下図は実物大。

❀ 作り方

① 花芯のヘキサゴンの周囲に花びらのヘキサゴン6枚をピーシングをしてトップをまとめる。
② トップの裏にキルト綿、裏布を重ねてしつけをかけてキルティングする。
③ 周囲をパイピングで始末する。

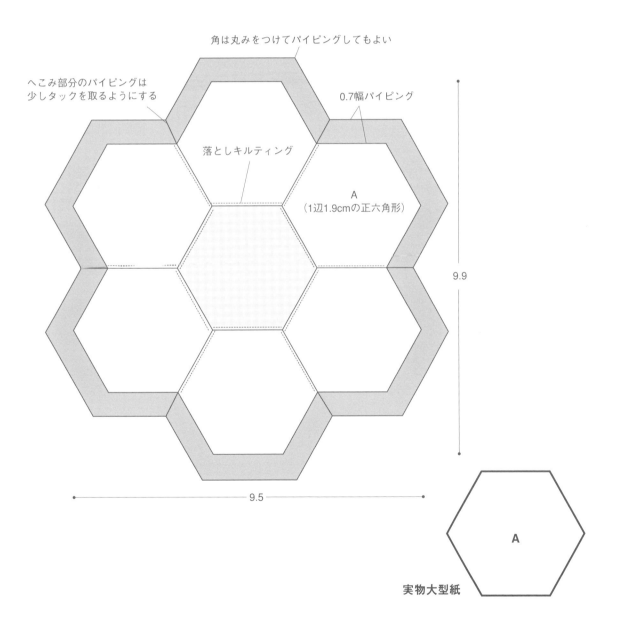

角は丸みをつけてパイピングしてもよい

へこみ部分のパイピングは
少しタックを取るようにする

0.7幅パイピング

落としキルティング

A
（1辺1.9cmの正六角形）

9.9

9.5

A

実物大型紙

出来上がり寸法　34.9×34.9cm

❀ **材料**

花用プリントはぎれ各種
白布110×40cm
キルト綿、裏布各40×40cm
3.5cm幅パイピング用バイアステープ120cm

❀ **作り方**

① ピーシングをしてトップをまとめる。
② トップの裏にキルト綿、裏布を重ねてしつけをかけてキルティングする。
③ 周囲をパイピングで始末する。

❀ **作り方のポイント**

• ヘキサゴンを大きめに接いで丸くカットする。

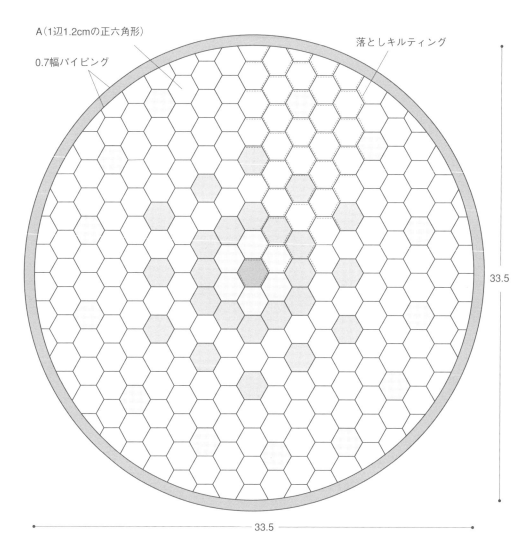

A（1辺1.2cmの正六角形）

0.7幅パイピング

落としキルティング

33.5

33.5

A

実物大型紙

出来上がり寸法　62.9×62.9cm

❀ 材料

ピーシング用はぎれ各種
キルト綿、裏布各80×80cm
3.5cm幅パイピング用布270cm

❀ 作り方のポイント

・ パターンは70ページのキルトと共通。
・ 端はパターンを半分や1/4にしたピースを接ぎ合わせる。

❀ 作り方

①A〜CをピーシングしたパターンとB〜Cをピーシングした
　パターン、Dを接ぎ合わせてトップをまとめる。
②トップの裏にキルト綿、裏布を重ねてしつけをかけてキル
　ティングする。
③周囲をパイピングで始末する。

❀ 実物大型紙はとじ込み付録A①

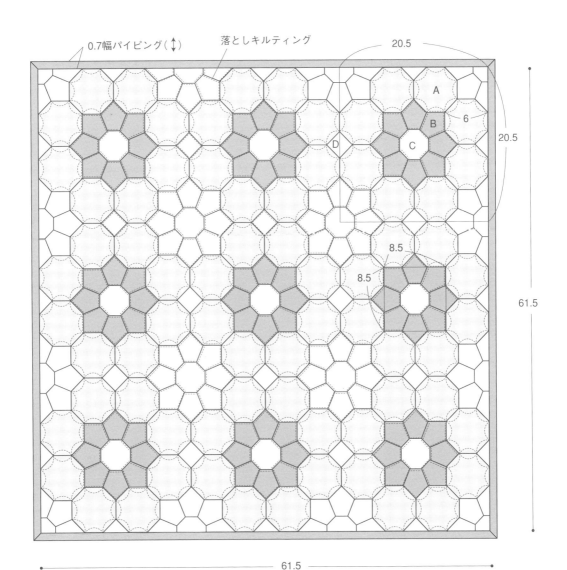

❀ 材料

ピーシング用はぎれ各種
E・F用布70×440cm
G・H用布110×80cm
アップリケ用布110×60cm
キルト綿、裏布各110×440cm
3cm幅パイピングコード用バイアステープ、直径0.5cmコード各1500cm
25番刺繍糸、トラプント用毛糸各適宜

❀ 作り方のポイント

・裏布はスカラップ部分と内側全面部分を別に用意する。
・トラプントのしかたは60ページを参照。

❀ 作り方

①A〜CをピーシングしたパターンとB〜Cをピーシングしたパターン、Dを接ぎ合わせて一枚布にする。
②EとFを接いでアップリケ、刺繍をし、ボーダーを作る。
③ボーダーの上に①をアップリケし、トップをまとめる。
④パイピングコードを作り、GとHに縫いつける。
⑤表布の周囲の縫い代を裏へ折り込んでスカラップにまつる。
⑥裏にキルト綿、裏布を重ねてしつけをかけてキルティングする。
（周囲の始末のしかたを参照）。

❀ 実物大型紙はとじ込み付録A①

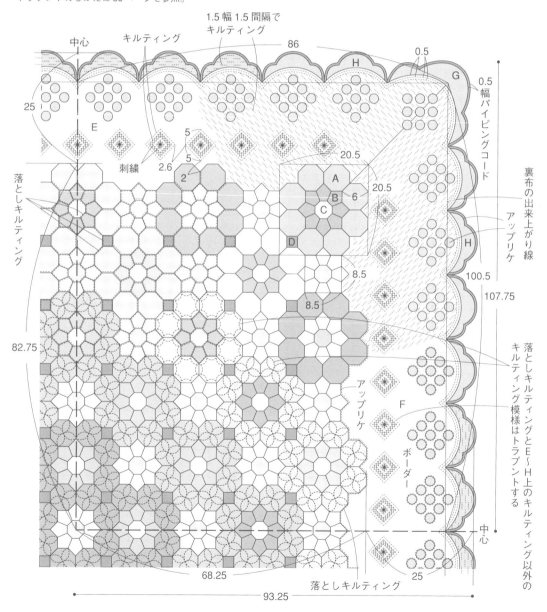

パイピングコードの作り方

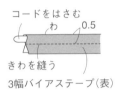

コードをはさむ
わ　0.5
きわを縫う
3幅バイアステープ（表）

刺繍の刺し方

クロスステッチ

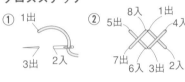

① 1出
3出　2入

② 8入　1出
5出　4入
7出　2入
6入　3出

レゼーデージーステッチ

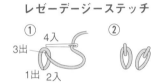

① 4入
3出
1出　2入

②

周囲の始末のしかた

①
コードを起こす
縫う
G（表）　0.5
パイピングコードのわ側

Gにパイピングコードを
中表に合わせ、縫いつけて
起こす

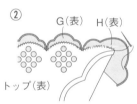

②
G（表）　H（表）
トップ（表）

スカラップを並べ、
縫い代を折り込んだ
トップをまつる

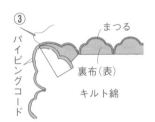

③
パイピングコード
まつる
裏布（表）
キルト綿

キルト綿を裏に重ね、
パイピングコードの
縫い目のきわで裁ち、
スカラップ形に裁った
裏布をまつる

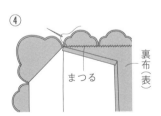

④
まつる
裏布（表）

縫い代を折り込んだ
裏布を重ねて
キルティングする

❀ 材料

ピーシング用はぎれ各種
D用布（タブ、持ち手、見返し分含む）50×25cm
キルト綿、裏布各50×65cm
接着芯10×65cm
直径1.3cmスナップボタン1組

❀ 作り方

①A〜Dをピーシングをしてトップをまとめる。
②トップの裏にキルト綿と裏布を重ねてしつけをかけてキルティングする。
③持ち手とタブを作る。
④「仕立て方」を参照して本体を仕立てる。

本体1枚

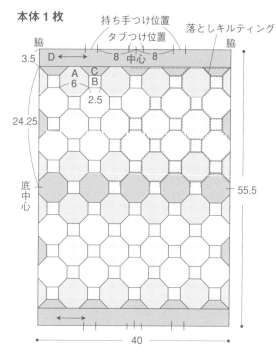

持ち手つけ位置
タブつけ位置
落としキルティング
脇　　　　　　　脇
3.5
D　8 中心 8
A C
6 B
2.5
24.25
底中心
55.5
40
※裏布は縫い代2cmつけて裁つ

持ち手2本

※裁ち切り　3.5
接着芯貼り位置（裏側）
7
47　　1
※裏に接着芯を貼る

持ち手の作り方

① 縦2.5×横47cmの接着芯を貼る

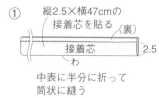

（裏）
接着芯
わ
2.5
中表に半分に折って筒状に縫う

②

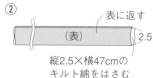

表に返す
（表）
2.5
縦2.5×横47cmのキルト綿をはさむ
キルト綿をはさんで表に返す
※接着芯を貼っている面を持ち手の表側にする

見返し2枚

3.5
40

見返しの作り方

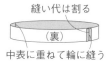

縫い代は割る
（裏）
中表に重ねて輪に縫う

タブ2枚

スナップボタンつけ位置

2
3.5
3
※4枚裁つ
※裏に接着芯を貼る

タブの作り方

① 裏に接着芯を貼る

（裏）
（表）　返し口
中表に重ね、返し口を残して縫う

②

表に返す
スナップボタン
表に返してスナップボタンをつける
※ボタンをつけた面をタブの表側にする

仕立て方

①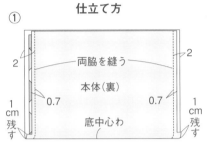

両脇を縫う

本体（裏）

底中心わ

2

2

0.7

0.7

1cm残す

1cm残す

本体を底中心から中表に折って
両脇を縫い、前側の裏布を残して
縫い代を0.7cmに裁ち揃える

②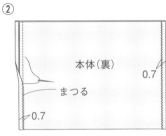

本体（裏）

まつる

0.7

0.7

残した裏布で縫い代をくるんで
まつる

③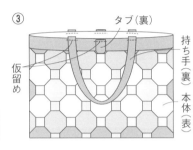

タブ（裏）

持ち手（裏）

仮留め

本体（表）

表に返してつけ位置に
タブと持ち手を仮留めする

④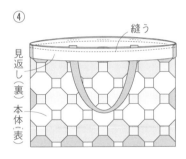

縫う

見返し（裏）

本体（表）

見返しを中表に合わせて縫い、
口側のキルト綿を縫い目のきわで
カットする

⑤

見返し（表）

まつる

本体（表）

見返しを表に返して
縫い代を折り込み、
裏布にまつる

実物大型紙

タブ（バッグ）

スナップボタンつけ位置

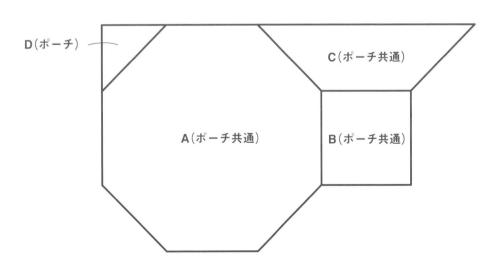

D（ポーチ）

C（ポーチ共通）

A（ポーチ共通）

B（ポーチ共通）

❀ 材料

ピーシング用はぎれ各種
E用布（ピーシング、4cm幅パイピング用布分含む）25×70cm
キルト綿、裏布各40×45cm
長さ30cmファスナー1本

❀ 作り方のポイント

• 実物型紙は73ページ。

❀ 作り方

① A〜Eをピーシングをしてトップをまとめる。
② トップの裏にキルト綿と裏布を重ねてしつけをかけてキルティングする。
③ 「仕立て方」を参照して本体を仕立てる。

本体1枚

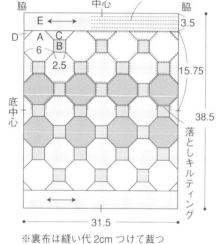

0.7幅キルティング
脇　中心　脇
E　3.5
D　A　C
6　B
2.5
15.75
38.5
底中心
落としキルティング
31.5

※裏布は縫い代2cmつけて裁つ

仕立て方

①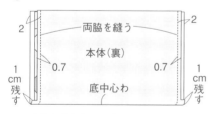

両脇を縫う
2　2
本体（裏）
0.7　0.7
1cm残す　1cm残す
底中心わ

本体を底中心から中表に折って
両脇を縫い、前側の裏布を残して
縫い代を0.7cmに裁ち揃える

②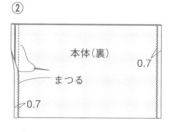

本体（裏）
0.7
まつる
0.7

残した裏布で
縫い代をくるんでまつる

③ 4幅パイピング用布（↕）
0.7
本体（表）

表に返して口の縫い代を
パイピング用布でくるんで始末する

④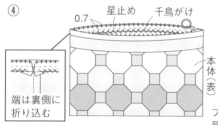

0.7　星止め　千鳥がけ
本体（表）

端は裏側に折り込む

ファスナーをパイピングの裏側に
星止めで縫いつけ、端を千鳥がけで
裏布に縫い止める

実物大型紙

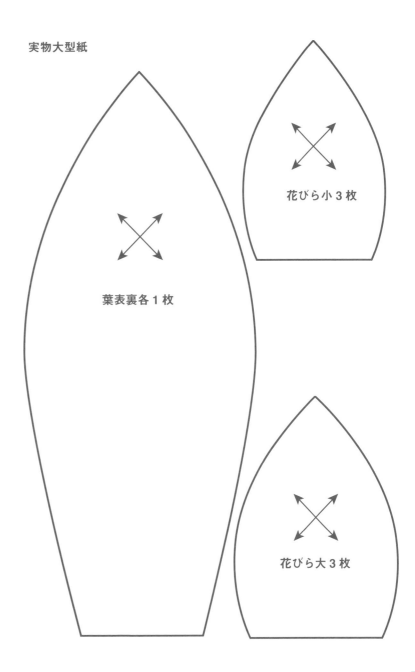

葉表裏各1枚

花びら小3枚

花びら大3枚

❀ 材料

アップリケ、ピーシング用はぎれ各種
D用布（E分含む）60×80cm
キルト綿、裏布各60×75cm
3.5cm幅パイピング用布280cm
トラプント用毛糸適宜

❀ 作り方のポイント

・トラプントのしかたは60ページを参照。

❀ 作り方

①A〜Dをピーシングをしてパターンを作り、接ぐ。
②Eに①をアップリケしてトップをまとめる。
③中央に柄を切り抜いてアップリケする。
④トップの裏にキルト綿、裏布を重ねてしつけをかけてキルティングする。
⑤周囲をパイピングで始末する。
⑥キルティング模様をトラプントする。

❀ 実物大型紙はとじ込み付録A②

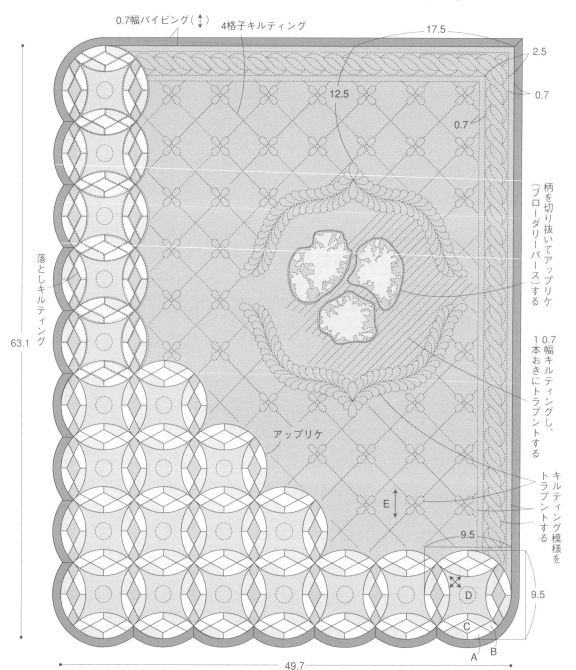

0.7幅パイピング（↕）
4格子キルティング
17.5
2.5
0.7
12.5
0.7
柄を切り抜いてアップリケ（ブローダリーバース）する
落としキルティング
63.1
0.7幅キルティングし、1本おきにトラプントする
アップリケ
キルティング模様をトラプントする
E
9.5
D
9.5
C
A
B
49.7

❀ 材料

ピーシング用はぎれ各種
C用布（D分含む）40×20cm
キルト綿、裏布各45×25cm
4cm幅パイピング用バイアステープ140cm
長さ20cmファスナー1本

❀ 作り方のポイント

• Dには好みの刺繍やキルティングをする。

❀ 作り方

①A〜Dをピーシングをしてトップを2枚作る。
②トップの裏にキルト綿と裏布を重ねてしつけをかけてキルティングする。
③「仕立て方」を参照して本体を仕立てる。

❀ 実物大型紙はとじ込み付録A③

本体2枚

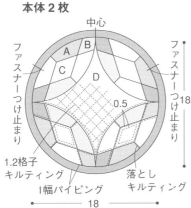
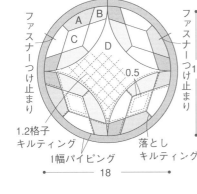

中心
A B
C
D
0.5
ファスナーつけ止まり
ファスナーつけ止まり
18
1.2格子キルティング
1幅パイピング
落としキルティング
18

仕立て方

①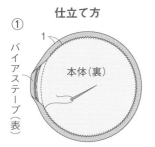

1
バイアステープ（表）
本体（裏）

2枚の周囲をそれぞれバイアステープでパイピングする

②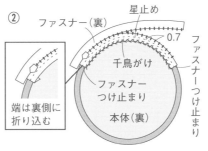

星止め
ファスナー（裏）
0.7
ファスナーつけ止まり
千鳥がけ
ファスナーつけ止まり
本体（裏）
端は裏側に折り込む

ファスナーつけ止まり〜つけ止まりにファスナーを星止めで縫いつけ、端を千鳥がけで裏布に縫い止める
※反対側のファスナーも同様

③

ファスナーはあけておく
ファスナーつけ止まり
本体（裏）
本体（表）

本体2枚を中表に合わせ、ファスナーつけ止まりから下部を巻きかがる

④

表に返す

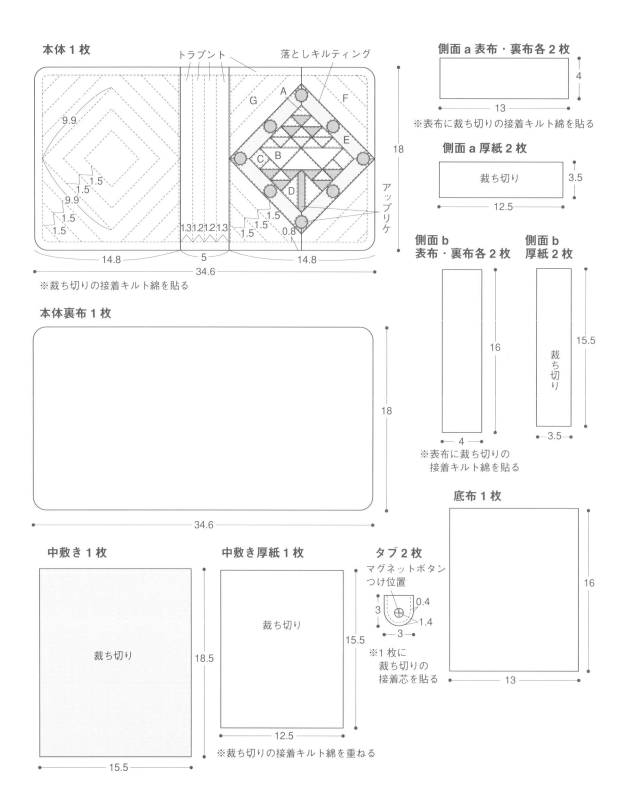

本体 1 枚

トラプント

落としキルティング

G　A　F

E

C　B

D

アップリケ

9.9

1.5
1.5
9.9
1.5
1.5

1.3 1.2 1.2 1.3

1.5
1.5

1.5
0.8

18

14.8

5

14.8

34.6

※裁ち切りの接着キルト綿を貼る

本体裏布 1 枚

18

34.6

中敷き 1 枚

裁ち切り

18.5

15.5

中敷き厚紙 1 枚

裁ち切り

15.5

12.5

※裁ち切りの接着キルト綿を重ねる

タブ 2 枚

マグネットボタン
つけ位置

3

0.4

1.4

3

※1 枚に
裁ち切りの
接着芯を貼る

側面 a 表布・裏布各 2 枚

4

13

※表布に裁ち切りの接着キルト綿を貼る

側面 a 厚紙 2 枚

裁ち切り

3.5

12.5

側面 b
表布・裏布各 2 枚

16

4

※表布に裁ち切りの
接着キルト綿を貼る

側面 b
厚紙 2 枚

15.5

裁ち切り

3.5

底布 1 枚

16

13

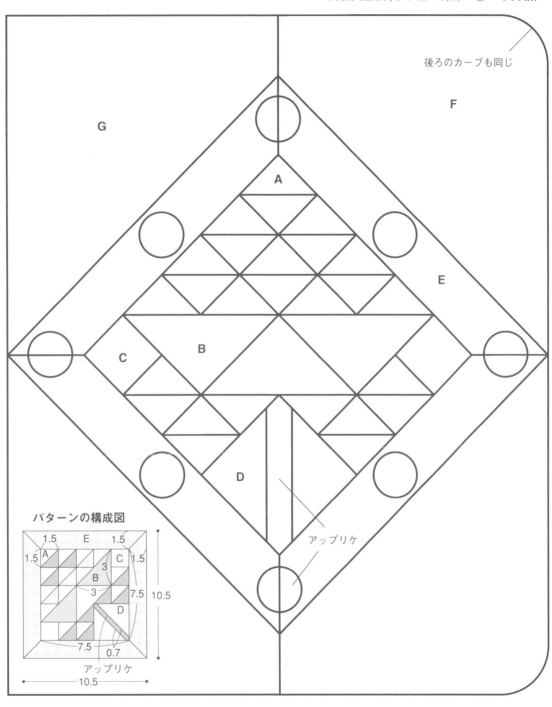

後ろのカーブも同じ

F

G

A

E

C

B

D

アップリケ

パターンの構成図

1.5 E 1.5
1.5 A
C 1.5
3
B
3
7.5
D
7.5 0.7

10.5

アップリケ

10.5

タブ

マグネットボタン
つけ位置

❀ **材料**

アップリケ、ピーシング用はぎれ各種
F用布（G、H分含む）110×40cm
I・J用布75×40cm
キルト綿、裏布各75×75cm
トラプント用毛糸適宜

❀ **作り方のポイント**

・　トラプントのしかたは60ページを参照。

❀ **作り方**

①A～Eをピーシングをしてパターンを9枚作り、F～Hを接ぐ。
②アップリケをする。
③左右上下の順にIとJを接いでトップをまとめる。
④トップの裏にキルト綿、裏布を重ねてしつけをかけてキルティングする。
⑤「周囲の始末のしかた」を参照して縫い代を始末する。
⑥キルティング模様をトラプントする。

❀ **実物大型紙はとじ込み付録A⑤**

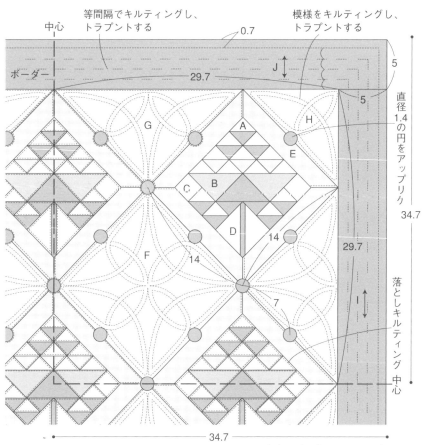

※IとJ、裏布は縫い代2cmつけて裁つ

パターンの構成図

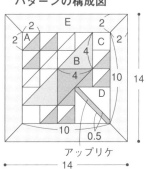

アップリケ

周囲の始末のしかた

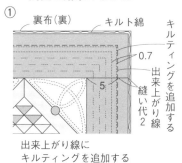

①出来上がり線にキルティングを追加する

②裏布とキルト綿を出来上がり線でカットする

③トップで縫い代をくるみ、まつる

❀ 材料

ピーシング用はぎれ各種
キルト綿、裏布各15×15cm
3.5cm幅パイピング用バイアステープ60cm

❀ 作り方のポイント

・ パターン1枚でコースターにする。下図は実物大。

❀ 作り方

① ピーシングをしてトップをまとめる。
② トップの裏にキルト綿、裏布を重ねてしつけをかけてキルティングする。
③ 周囲をパイピングで始末する。

❀ 実物大型紙はとじ込み付録A ⑥

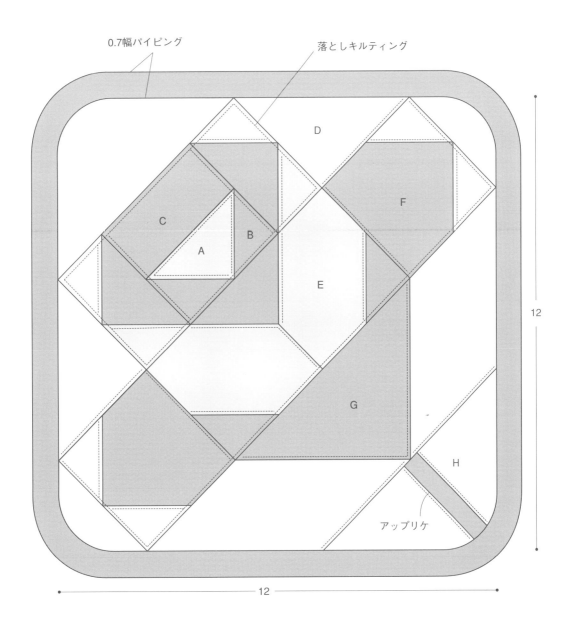

❀ 材料

ピーシング、アップリケ用はぎれ各種
I〜K用布 110×80cm
L・M用布（スカラップ用表布分含む）2種各70×130cm
キルト綿70×300cm
裏布（スカラップ用裏布分含む）80×280cm
トラプント用毛糸適宜

❀ 作り方のポイント

・ トラプントのしかたは60ページを参照。

❀ 作り方

① A〜Hをピーシングをしてパターンを30枚作り、I〜Kを接ぐ。
② 上下にMを左右にLを接いでトップをまとめる。
③ スカラップを作る。
④ 「仕上げ方」を参照して上下にスカラップを縫いつけて仕上げる。
⑤ キルティング模様をトラプントする。

❀ 実物大型紙はとじ込み付録A⑥

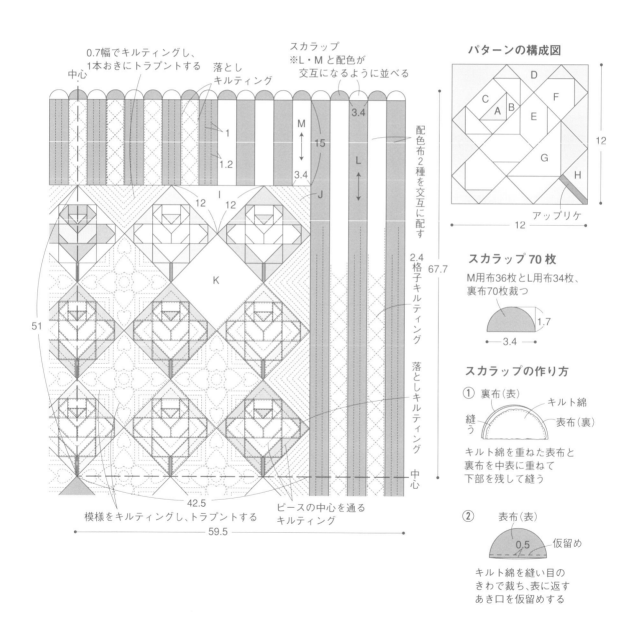

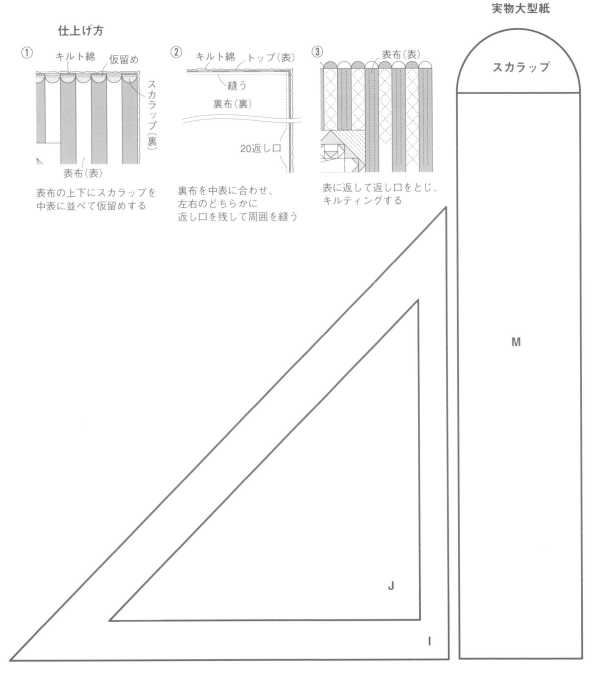

実物大型紙

仕上げ方

① キルト綿　仮留め

スカラップ（裏）

表布（表）

表布の上下にスカラップを
中表に並べて仮留めする

② キルト綿　トップ（表）

縫う

裏布（裏）

20返し口

裏布を中表に合わせ、
左右のどちらかに
返し口を残して周囲を縫う

③ 表布（表）

表に返して返し口をとじ、
キルティングする

スカラップ

M

J

I

❀ 材料

A用布（B、スカラップ、持ち手分含む）110×55cm
A'用布（スカラップ、持ち手分含む）90×55cm
キルト綿60×80cm
裏布（縫い代始末用布分含む）60×80cm

❀ 作り方

①A、A'、Bをピーシングをして本体のトップをまとめる。
②スカラップを作る。
③持ち手を作る。
④「仕立て方」を参照して本体を仕上げる。

本体 1 枚

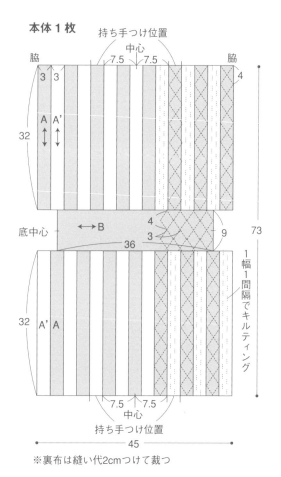

※裏布は縫い代2cmつけて裁つ

持ち手 2 本

AとA'用布を各2枚裁つ
※裁ち切り
5
51

持ち手の作り方

①
キルト綿　　1　A用布（表）
A'用布（裏）　3
縫う

AとA'用布で裁った2枚を中表に重ね、
キルト綿を合わせてコの字に縫う

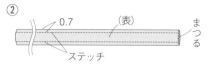

②
0.7　（表）　まつる
ステッチ

キルト綿を縫い目のきわで裁ち
表に返して返し口をとじてステッチする

スカラップの作り方

実物大型紙

スカラップ

スカラップ 30 枚

AとA'用布を
各30枚裁つ

1.5
3

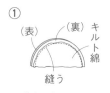

①
（表）　（裏）　キルト綿
縫う

共布同士で
中表に合わせ、
キルト綿を重ねて
下部を残して縫う

②
（表）
0.5
仮留め

縫い目のきわで
キルト綿を裁ち、
表に返す
あき口を仮留めする

仕立て方

①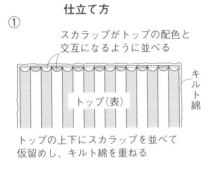

スカラップがトップの配色と
交互になるように並べる

トップ（表）

キルト綿

トップの上下にスカラップを並べて
仮留めし、キルト綿を重ねる

②

トップ（表）　キルト綿

縫う

裏布（裏）

縫う

裏布を中表に合わせて
上下を縫う

③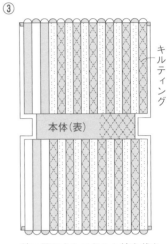

キルティング

本体（表）

縫い目のきわでキルト綿を裁ち、
表に返してしつけをかけて
キルティングする

④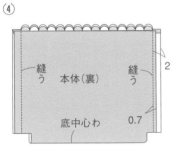

縫う　本体（裏）　縫う

2

底中心わ　0.7

中表に半分に折って両脇を縫い、
前裏布を残して縫い代を裁ち揃える

⑤

本体（裏）　まつる

0.7

0.7

残した前裏布で縫い代を
くるんでまつる

⑥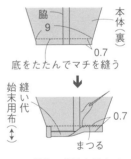

脇　本体（裏）
9
0.7

底をたたんでマチを縫う

↓

縫い代始末用布

縫い代　0.7

まつる

3cm幅縫い代始末用布で
縫い代をくるんでまつる

⑦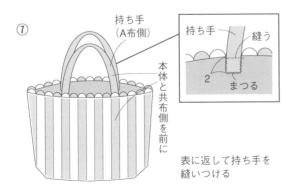

持ち手
（A布側）

持ち手　縫う

2　まつる

本体と共布側を前に

表に返して持ち手を
縫いつける

❀ 材料

アップリケ用はぎれ各種
A用布 70×30cm
B・C用布 110×20cm
D用布（I、H分含む）90×45cm
E用布2種 100×30cm、100×15cm
F用布 100×15cm
G用布 100×20cm
キルト綿、裏布各 100×100cm
3.5cm幅パイピング用バイアステープ360cm

❀ 作り方

①ピーシング、アップリケをし、左右上下の順にHとIを接
　いでトップをまとめる。
②トップの裏にキルト綿、裏布を重ねてしつけをかけてキル
　ティングする。
③周囲をパイピングで始末する。

❀ 実物大型紙はとじ込み付録B①

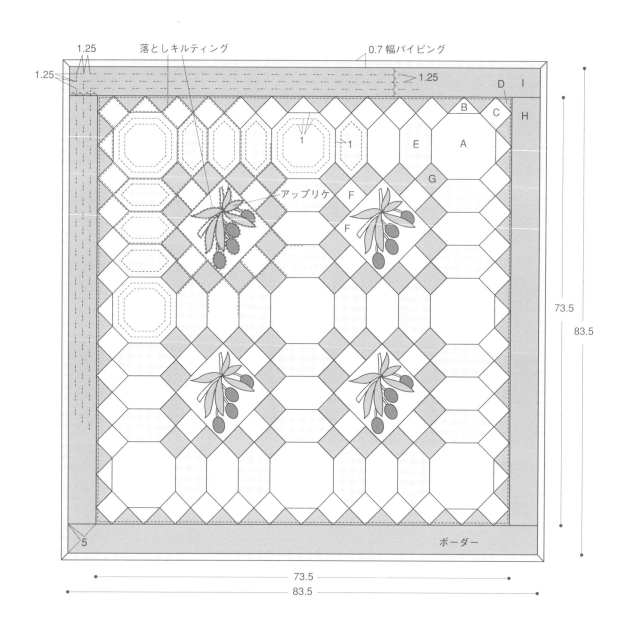

❀ **材料（1点分）**

アップリケ用はぎれ各種
台布、キルト綿、裏布各20×20cm
内寸12×12cm額1枚

❀ **作り方のポイント**

・好みの模様をキルティングする。
・オリーブの図案は86ページのタペストリーと共通。

❀ **作り方**

①アップリケをしてトップをまとめる。
②トップの裏にキルト綿、裏布を重ねてしつけをかけてキルティングする。
③裏板を重ねて縫い止め、額に入れる。

❀ **実物大型紙はとじ込み付録B①**

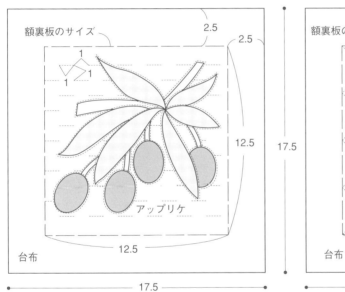

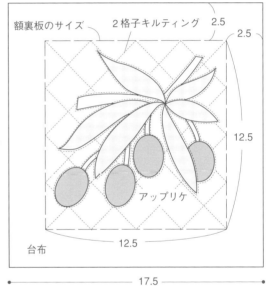

額の入れ方

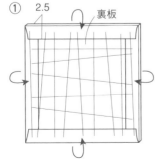

裏に裏板を重ねて左右を折って
糸を渡して縫い止め
上下を折って糸を渡して縫い止める

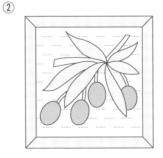

額に入れる

❀ 材料

ピーシング、アップリケ用はぎれ各種
A用布30×30cm
E用布2種各30×30cm
F用布35×20cm
キルト綿、裏布各60×60cm
後ろ用布50×60cm
長さ40cmファスナー1本
45×45cmヌードクッション1個

❀ 作り方のポイント

・ B、C、D、G用の布は好みで組み合わせて配色する。
・ 周囲にパイピングコード（71ページ参照）をつけるなど、
　 好みでアレンジする。

❀ 作り方

① ピーシング、アップリケをして前のトップをまとめる。
② トップの裏にキルト綿、裏布を重ねてしつけをかけてキル
　 ティングする。
③ 後ろを作る。
④ 「仕立て方」を参照して仕立てる。

前1枚

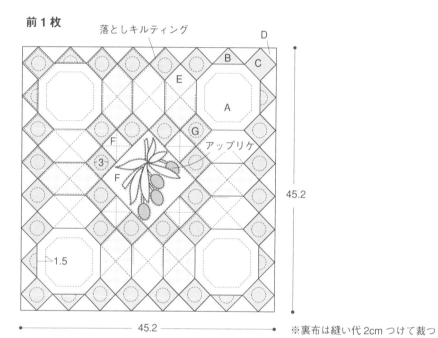

落としキルティング

45.2

45.2

※裏布は縫い代2cmつけて裁つ

後ろ2枚

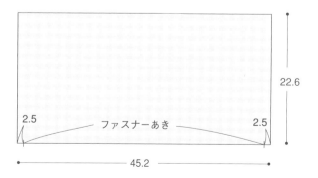

22.6

ファスナーあき

45.2

※ファスナーあき口の縫い代は3cm、
　その他は1cmの縫い代をつけて裁つ

後ろの作り方

①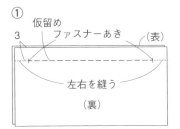

2枚を中表に合わせて
ファスナーあきを仮留めし、
ファスナーあきの左右を縫う

②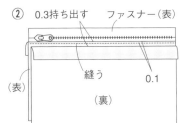

縫い代を割って下に重ねた側を
0.3cmを持ち出し、
ファスナーを重ねて縫いつける

③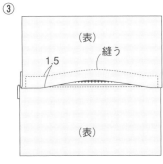

表に返してファスナーに
縫いつける

仕立て方

①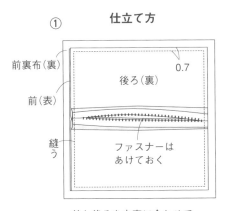

前と後ろを中表に合わせて
周囲を縫う

②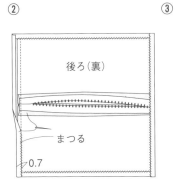

前裏布で縫い代をくるんで
まつる

③

表に返して中に
ヌードクッションを入れる

❀ 材料

A用無地 55×30cm
B用布（C〜F、底布、持ち手分含む）90×70cm
キルト綿、裏布（縫い代始末用布分含む）各90×40cm
1cm幅ガラ紡 50cm
アップリケ用布、トラプント用毛糸適宜

❀ 作り方のポイント

・「側面の作り方」①のとき、トップの上部と両端はキルティングを残す。
・トラプントのしかたは60ページを参照。
・実物大型紙は92ページ。
・ガラ紡は毛糸を16〜18本束ねたものでもよい。

❀ 作り方

①持ち手を作る。
②A〜Eをピーシングをしてブロックを4枚作り、Fと接いで上にアップリケをしてトップをまとめる。
③底のトップにキルト綿、裏布を重ねてキルティングする。
⑤「側面の作り方」を参照して側面を筒状にする。
⑥「仕立て方」を参照して本体を仕立てる。

側面 1 枚

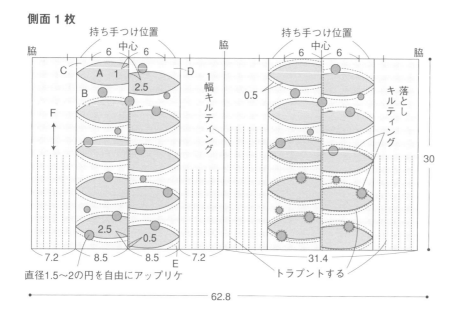

直径1.5〜2の円を自由にアップリケ

トラプントする

底 1 枚

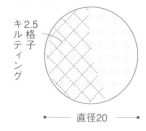

2.5 格子キルティング

直径20

持ち手 2 本

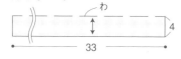

わ

33

4

持ち手の作り方

①

わ
（裏）　縫う

中表に半分に折ってL字に縫い、表に返す

②

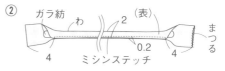

ガラ紡　わ　2　（表）

4　ミシンステッチ　0.2　4　まつる

返し口をとじて半分に折り、ミシンステッチし、内側に長さ25cmのガラ紡を通す

側面の作り方

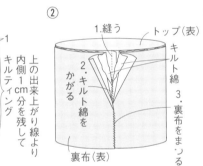

①
トップ（表）　キルト綿　裏布（裏）

1　キルティング

上の出来上がり線より内側1cm分を残して

両端の出来上がり線より内側
3cm分を残してキルティング

3　　　3

トップの裏にキルト綿、裏布を重ねて
キルティングする

②
1.縫う　トップ（表）

2.キルト綿をかがる

キルト綿

3.裏布をまつる

裏布（表）

中表に折り、キルト綿と裏布を
よけて縫い合わせる
キルト綿を側面の縫い目で
突き合わせてかがり、裏布を重ねて
縫い代を折り込んでまつる

③
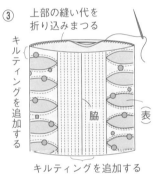

上部の縫い代を
折り込みまつる

キルティングを追加する

脇

（表）

キルティングを追加する

上部の縫い代を内側に折り込んで
まつり、表に返して残した部分に
キルティングをし、トラプントする

仕立て方

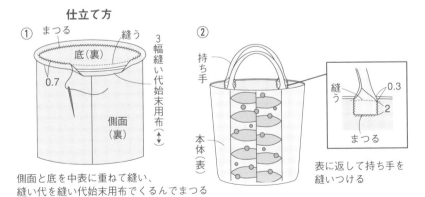

①
まつる　縫う

底（裏）

3幅縫い代始末用布

0.7

側面（裏）

側面と底を中表に重ねて縫い、
縫い代を縫い代始末用布でくるんでまつる

②
持ち手

本体（表）

縫う　0.3

2

まつる

表に返して持ち手を
縫いつける

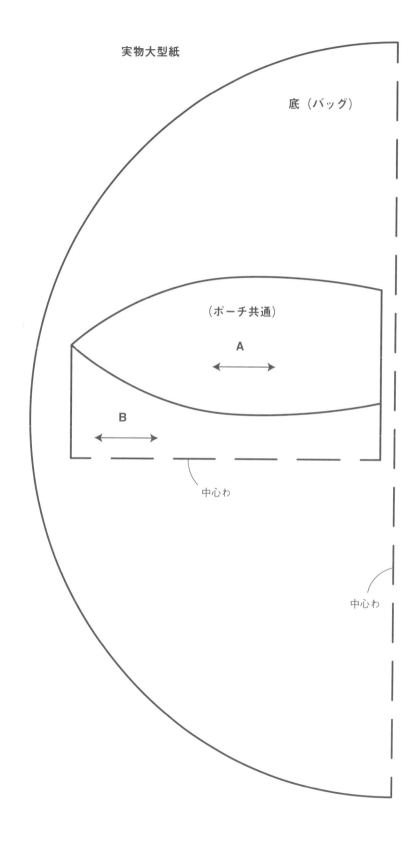

実物大型紙

底（バッグ）

（ポーチ共通）

A

B

中心わ

中心わ

❀ 材料

アップリケ用布適宜
A用無地40×20cm
B用布（C〜D、4cm幅パイピング用バイアステープ分含む）
50×30cm
キルト綿、裏布各30×35cm
長さ17cmファスナー1本

❀ 作り方のポイント

・ 型紙は90ページ「バッグ」と共通。型紙は92ページ。

❀ 作り方

①A〜Dをピーシングをしてトップをまとめる。
②トップにキルト綿、裏布を重ねてキルティングする。
③「仕立て方」を参照して本体を仕立てる。

本体1枚

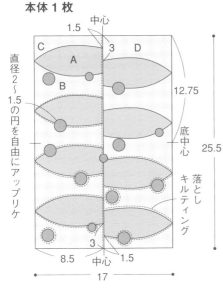

※裏布は縫い代2cmつけて裁つ

仕立て方

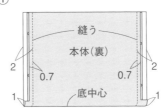

① 底中心から中表に半分に折り、
両端を縫って前裏布を残して
縫い代を0.7cmに裁ち揃える

② 残した裏布で縫い代をくるんで
まつる

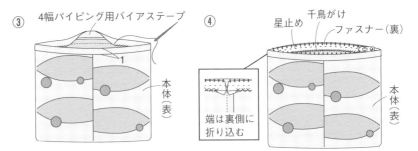

③ 表に返し、口の縫い代を
パイピング用バイアステープ
でくるんで始末する

④ ファスナーをパイピングの裏側に星止めで縫いつけ
端を千鳥がけで裏布に縫い止める

❀ 材料

アップリケ、A'・B'・C用和布各種
A・B・D〜H・J・K用和布 35×750cm
キルト綿、裏布各 100×400cm
5cm幅パイピング用布 720cm
トラプント用毛糸適宜

❀ 作り方のポイント

• トラプントのしかたは 60 ページを参照。

❀ 作り方

① ピーシング、アップリケをしてトップをまとめる。
② トップの裏にキルト綿、裏布を重ねてしつけをかけてキルティングする。
③ 周囲をパイピングで始末する。
⑥ キルティング模様をトラプントする。

❀ 実物大型紙はとじ込み付録B②

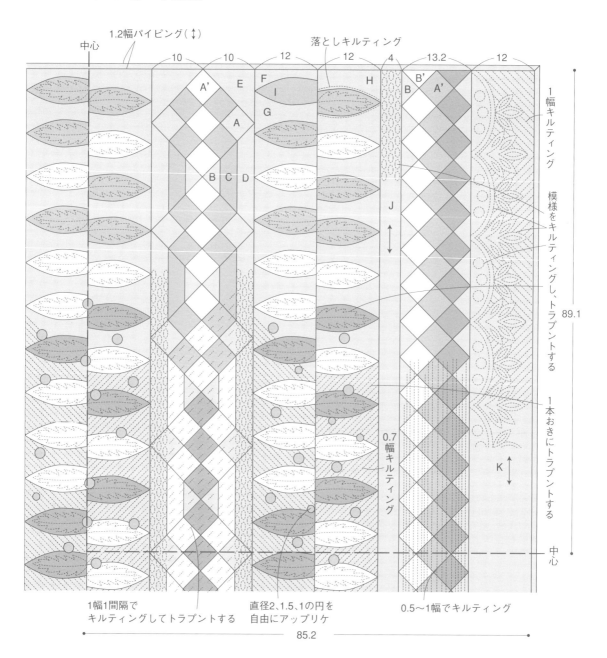

❀ 材料

ピーシング用はぎれ各種
C用布110×120cm
D用布（E〜H分含む）110×220cm
キルト綿、裏布各100×440cm
パイピングコード用3cm幅バイアステープ、
直径0.5cmコード各780cm
トラプント用毛糸適宜

❀ 作り方のポイント

• パイピングコードの作り方は71ページを参照。
• トラプントのしかたは60ページを参照。

❀ 作り方

①AとBをピーシングをしてパターンを87枚作りC〜Fを接ぐ。
②上下左右にGとHを接いでトップをまとめる。
④裏にキルト綿と裏布を重ね、GとH部分を残ししつけをかけてキルティングする。
③パイピングコードを作る。
④98ページ「周囲の始末のしかた」を参照して縫い代を始末する。
⑤キルティング模様をトラプントする。

❀ 実物大型紙はとじ込み付録C①

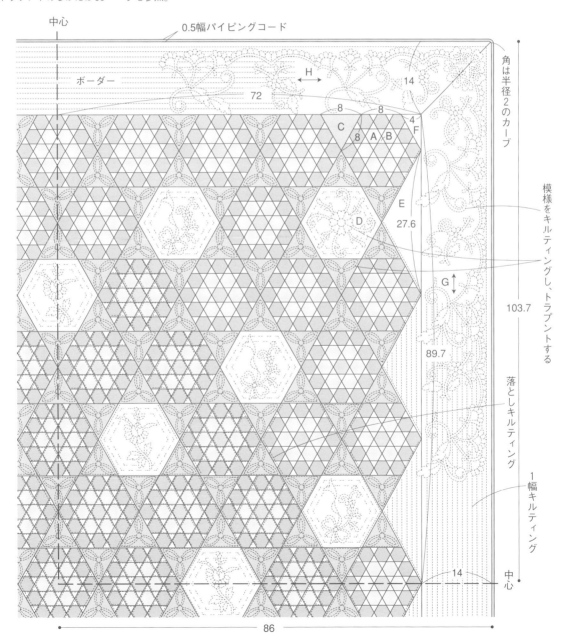

❀ 材料

ピーシング用はぎれ各種
B・C用布（底C分含む）40×30cm
持ち手用布（中袋用布、3.5cm幅パイピング用布、ヨーヨー
キルト分含む）80×30cm
キルト綿、裏布各80×20cm
直径1cm ガラ紡70cm

❀ 作り方のポイント

・ ガラ紡は毛糸を束ねたものでもよい。

❀ 作り方

①A〜Cをピーシングをして側面と底のトップをまとめる。
②側面と底のトップの裏にキルト綿と裏布を重ねてキルティ
　ングする。
③持ち手を作る。
④ヨーヨーキルトを作る。
④「仕立て方」を参照して本体と中袋を作り、仕上げる。

側面 1 枚

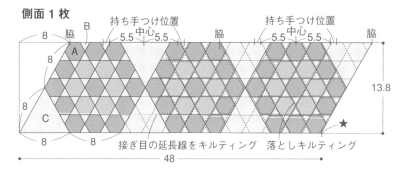

中袋側面 1 枚

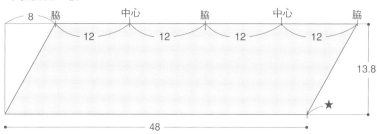

持ち手 2 本

持ち手の作り方

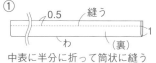

中表に半分に折って筒状に縫う

表に返して内側にガラ紡を通す

底 1 枚

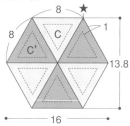

中袋底 1 枚

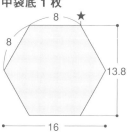

ヨーヨーキルト 4 枚

ヨーヨーキルトの作り方

縫い代を折って
縫う

糸を引き絞る

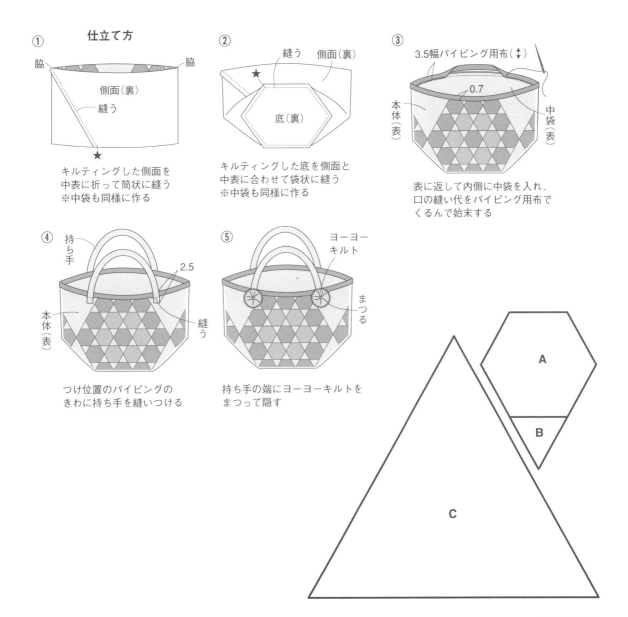

① 仕立て方

脇　　　　　　脇

側面（裏）

縫う

★

キルティングした側面を
中表に折って筒状に縫う
※中袋も同様に作る

② 縫う　　側面（裏）

★

底（裏）

キルティングした底を側面と
中表に合わせて袋状に縫う
※中袋も同様に作る

③ 3.5幅パイピング用布（↕）

0.7

本体（表）　　　　中袋（表）

表に返して内側に中袋を入れ、
口の縫い代をパイピング用布で
くるんで始末する

④ 持ち手

2.5

本体（表）　　　　縫う

つけ位置のパイピングの
きわに持ち手を縫いつける

⑤ ヨーヨーキルト

まつる

持ち手の端にヨーヨーキルトを
まつって隠す

A

B

C

実物大型紙

❀ 材料

ピーシング用はぎれ各種
C用布 110×45cm
D〜F用布（B分含む）90×60cm
G・H用布 45×80cm
キルト綿、裏布各 80×100cm
3cm幅パイピングコード用バイアステープ、
直径0.5cmコード各330cm
トラプント用毛糸適宜

❀ 作り方のポイント

・ パイピングコードの作り方は71ページを参照。
・ トラプントのしかたは60ページを参照。

❀ 作り方

①AとBをピーシングしてパターンを11枚作りC〜Fを接ぐ。
②上下左右にGとHを接いでトップをまとめる。
④裏にキルト綿と裏布を重ね、GとH部分を残してキルティングする。
③パイピングコードを作る。
④「周囲の始末のしかた」を参照して縫い代を始末する。
⑤キルティング模様をトラプントする。

❀ 実物大型紙はとじ込み付録C②

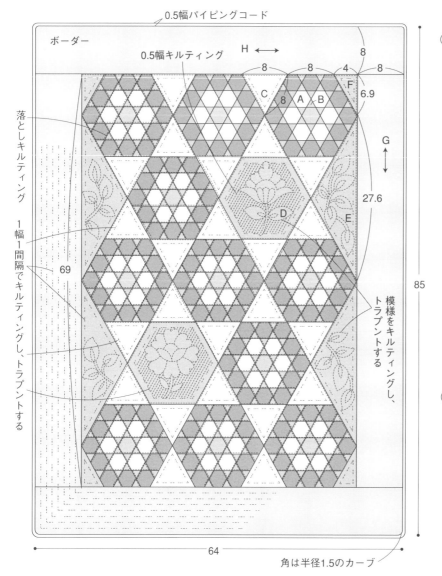

周囲の始末のしかた

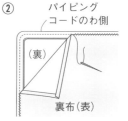

裏布をよけながら周囲にパイピングコードを縫いつける

パイピングコードを起こして縫い代を裏側に倒し、裏布を重ねてまつる

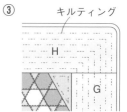

残していたGとHのキルティングを追加する

❀ 材料

ピーシング、アップリケ用はぎれ各種
A、B、K用布各10×10cm　　　C用布15×10cm
D、E用布各20×10cm　　　F用布25×10cm
G、H用布各30×10cm
I用布35×10cm　J用布40×10cm
L用布「M、O、R、S分含む」110×90cm
P・Q用布「6cm幅パイピング用布分含む」40×90cm
キルト綿、裏布各70×90cm

❀ 作り方のポイント

・作り方⑥のあと、キルト綿と裏布をトップの出来上がり線
　から2cm外側で裁つ。

❀ 作り方

①A〜Jをピーシングをしてブロックアを、LとKをピーシン
　グをしてブロックイを作る。
②ブロックアとイ、Mを接いで一枚布にする。
③NとOをピーシングをして②にアップリケする。
④左右上下にPとQを接ぐ。
⑤Rを接いだ「ナインパッチ」のパターン24枚とアップリケ
　したS23枚を交互に接いでボーダーを作り、④の周囲に接
　いでトップをまとめる。
⑥キルト綿、裏布を重ねてしつけをかけてキルティングする。
⑦左右、上下の順に周囲をパイピングで始末する。

❀ 実物大型紙はとじ込み付録D①

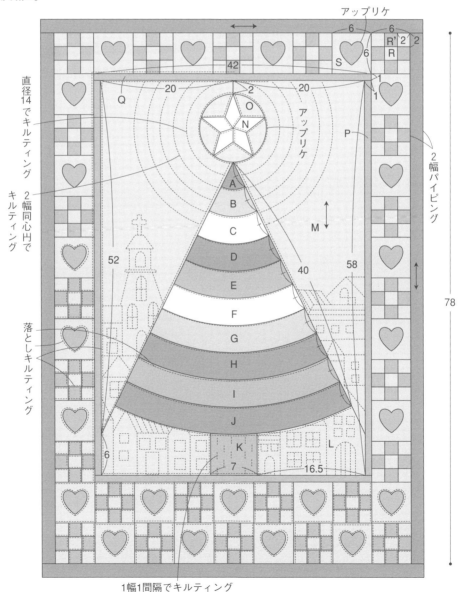

❀ 材料

・クッションA
ピーシング用はぎれ各種
C用布35×35cm　　後ろ用布45×50cm
キルト綿、裏布各50×50cm
4cm幅パイピング用布170cm
長さ30cmファスナー1本
40×40cmヌードクッション1個
25番刺繍糸適宜
・クッションB
ピーシング、アップリケ用はぎれ各種
C用布40×40cm　　後ろ用布50×55cm
キルト綿、裏布各50×50cm
4cm幅パイピング用布180cm
長さ38cmファスナー1本
45×45cmヌードクッション1個

❀ 作り方のポイント

・ 刺繍は2本取りで刺す。

❀ 作り方

①Aをピーシングをしてパターンを9枚（クッションBは8
　枚）作る。
②パターンとB、C（クッションBはアップリケしたDも）を
　接いで前のトップをまとめる。
③前のトップの裏にキルト綿と裏布を重ねてしつけをかけて
　キルティングする。
④後ろを作る。
⑤「仕立て方」を参照して仕立てる。

❀ 実物大型紙はとじ込み付録B③

クッションA／前1枚

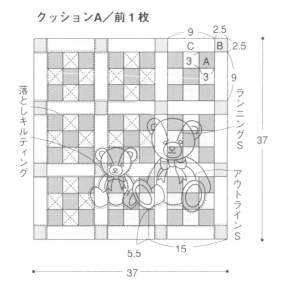

クッションB／前1枚

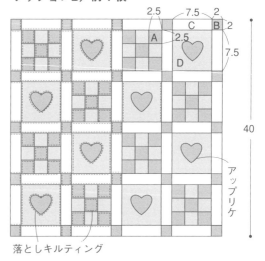

クッションA／後ろ2枚

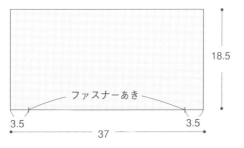

※ファスナーあき口の縫い代は3cm、
　その他は1cmの縫い代をつけて裁つ

クッションB／後ろ2枚

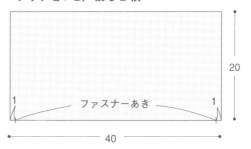

※ファスナーあき口の縫い代は3cm、
　その他は1cmの縫い代をつけて裁つ

後ろの作り方

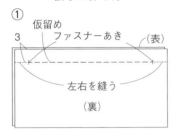

① 仮留め
3　ファスナーあき　　　　（表）

左右を縫う

（裏）

2枚を中表に合わせて
ファスナーあきを仮留めし、
ファスナーあきの左右を縫う

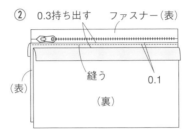

② 0.3持ち出す　ファスナー（表）

（表）

縫う　　　0.1

（裏）

縫い代を割って下に重ねた側を
0.3cm を持ち出し、
ファスナーを重ねて縫いつける

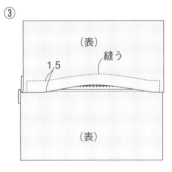

③

（表）　　縫う

1.5

（表）

表に返してファスナーに
縫いつける

仕立て方

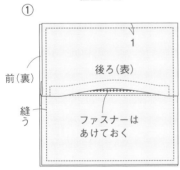

①

1

前（裏）　　　後ろ（表）

縫う

ファスナーは
あけておく

前と後ろを外表に合わせて
周囲を縫う

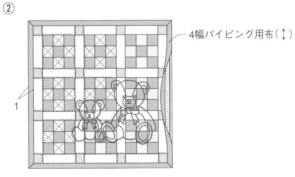

②

4幅パイピング用布（↕）

1

パイピング用布で縫い代を
くるんで始末する

刺繍の刺し方

アウトラインステッチ

① 3出 2入　図案線　② 3出　　5出

1出　　　　　　　4入

ランニングステッチ

① 　　3出

5出　　　2入

4入　　1出

②

❀ **材料**（1点分）

本体用布（羽用裏布分含む）25×25cm
羽用表布、片面接着キルト綿各20×10cm
くちばし用布10×5cm
カウントリネン（12目）15×15cm
プレート裏布10×10cm
厚紙5×5cm
ひも用0.3cm幅サテンリボン25cm
直径0.4cmビーズ黒、直径1cm丸カン各2個
ベル型チャーム1個
25番刺繍糸、手芸綿各適宜

❀ **作り方のポイント**

・ 実物大型紙は104ページを参照。

❀ **作り方**

①くちばしを作る。
②羽を作る。
③刺繍をしてプレートを作る。
④「仕立て方」を参照して本体を仕上げる。

❀ **実物大型紙はとじ込み付録B④**

本体左右対称各1枚

直径0.4ビーズつけ位置
ループ
つけ位置
羽つけ位置
返し口
くちばしつけ位置
9.6
12.1

くちばし2枚

折り位置
2.2
1.9

くちばしの作り方

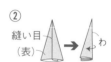

①中表に折って斜辺を縫い、表に返す
　折り位置　縫う（裏）

②縫い目を中心にしてたたみ直し、再度たたむ
　縫い目（表）　わ

羽左右対称各1枚

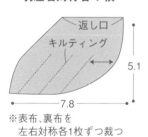

返し口
キルティング
5.1
7.8

※表布、裏布を左右対称各1枚ずつ裁つ

羽の作り方

①表布の裏に裁ち切りのキルト綿を貼り、裏布を中表に重ねて返し口を残して縫う
　表布（裏）　返し口　縫う　片面接着キルト綿　裏布（表）

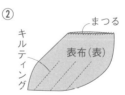

②表に返して返し口をとじ、キルティングする
　まつる　キルティング　表布（表）

プレート1枚

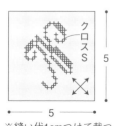

クロスS
5
5

※縫い代1cmつけて裁つ
※裏布、厚紙（裁ち切り）同寸

プレートの作り方

①刺繍をした表布の裏に厚紙を重ね、縫い代を折ってくるむ
　表布（表）　厚紙　1

②縫い代を折った裏布を外表に重ねコの字とじする
　表布（表）　裏布（表）　1

③目打ちで穴をあけて丸カンとチャームをつける
　丸カン　ベル型チャーム　0.5　穴をあける

仕立て方

①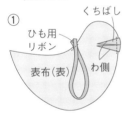

表布にくちばしとひも用
リボンを仮留めする

②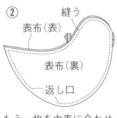

もう一枚を中表に合わせ、
返し口を残して縫う

③

表に返して内側に綿を詰めて返し口をとじる
羽を表布と裏布の両方をつけ位置に縫いつけ、
くちばしにプレートのリングをはさんで縫いとめる

刺繍図案

※左と下のカウント数を参照し、布の目数を拾いながらステッチする

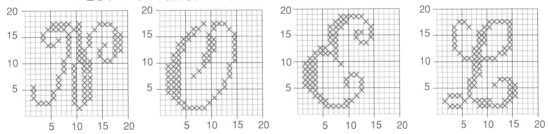

クロスステッチの刺し方

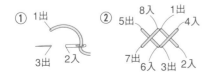

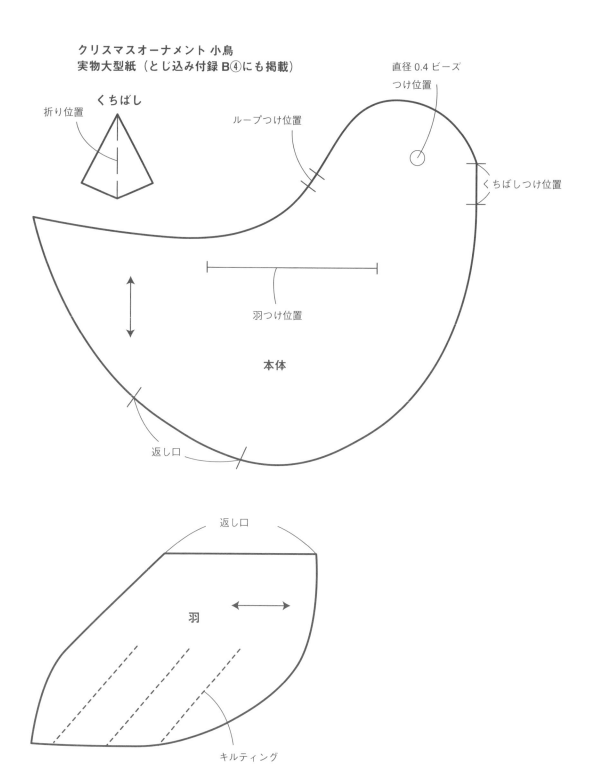

クリスマスオーナメント 小鳥
実物大型紙（とじ込み付録 B④ にも掲載）

くちばし

折り位置

ループつけ位置

直径 0.4 ビーズ
つけ位置

くちばしつけ位置

羽つけ位置

本体

返し口

返し口

羽

キルティング

ハウスの小物入れ
実物大型紙（とじ込み付録B⑤にも掲載）

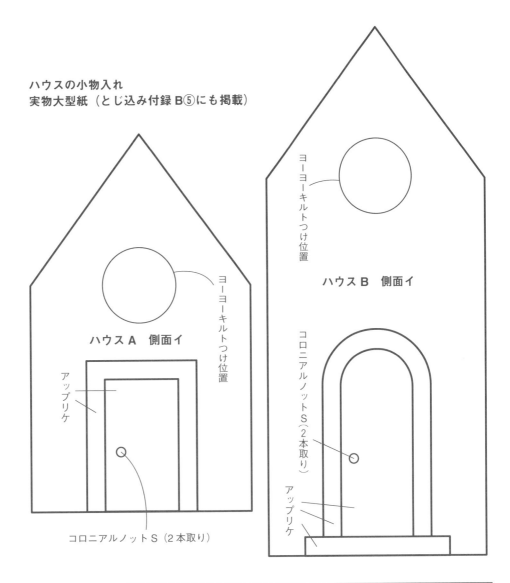

ハウス A　側面イ

ヨーヨーキルトつけ位置

アップリケ

コロニアルノットS（2本取り）

ハウス B　側面イ

ヨーヨーキルトつけ位置

コロニアルノットS（2本取り）

アップリケ

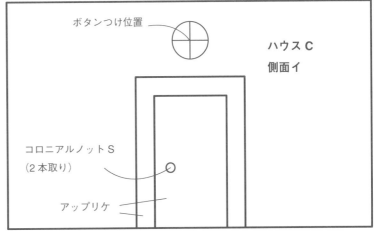

ボタンつけ位置

ハウス C

側面イ

コロニアルノットS
（2本取り）

アップリケ

❀ 材料

・共通
窓用白無地15×10cm
直径1cmボタン1個
ループ用5番刺繍糸、25番刺繍糸各適宜
・ハウスA
アップリケ用2種各5×10cm
側面用布30×25cm
屋根用布10×15cm
ヨーヨーキルト用布10×5cm
キルト綿、裏布（屋根裏布分含む）各30×35cm
・ハウスB
アップリケ用2種各10×10cm
側面用布35×20cm
屋根用布10×15cm
ヨーヨーキルト用布10×5cm
キルト綿、裏布（屋根裏布分含む）
各30×40cm
・ハウスC
アップリケ用2種各5×10cm
側面用布25×35cm
屋根用布35×10cm
キルト綿、裏布（屋根裏布分含む）
各25×35cm

❀ 作り方のポイント

・ ヨーヨーキルトの作り方は96ページを参照。
・ 裏布は同寸の一枚布で裁つ。

❀ 作り方

① ピーシング、刺繍、アップリケをして側面ア〜ウの表布を作る。
②「側面の作り方」を参照して側面ア〜ウを作る。
③「屋根の作り方」を参照して屋根を作る。
④「仕立て方」を参照して本体を仕立てる。

❀ 実物大型紙はとじ込み付録B⑤

ハウスA／側面ア 1枚

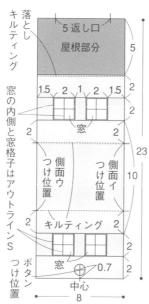

ハウスA／側面イ 1枚

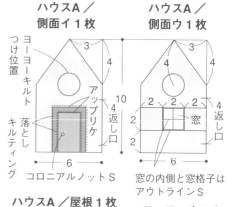

コロニアルノットS

ハウスA／側面ウ 1枚

窓の内側と窓格子はアウトラインS

ハウスA／屋根 1枚

ヨーヨーキルト 2枚

側面の作り方（3点共通）

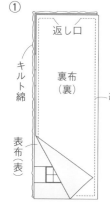

①
キルト綿を重ねた表布と裏布を中表に合わせ、返し口を残して縫い、縫い目のきわでキルト綿を裁つ

②
表に返して返し口をとじ、キルティングする
ハウスA・Bの側面イ、ウにはヨーヨーキルトを縫いつける

屋根の作り方（3点共通）

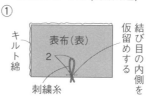

①
輪に結んでループにした刺繍糸をつけ位置に仮留めし、裏にキルト綿を重ねる

②
表布と裏布を中表に合わせ、返し口を残して縫い、縫い目のきわでキルト綿を裁つ

③
表に返して返し口をとじる

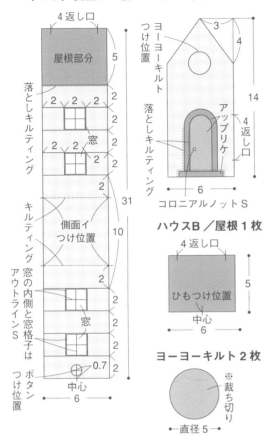

ハウスB／側面ア 1枚

4返し口
屋根部分
5
落としキルティング
2 2 2 2
窓
2 2
2 2
窓
2 2
31
キルティング
側面イ
つけ位置
10
窓の内側と窓格子は
アウトラインS
2
窓
2
ボタンつけ位置
0.7
中心
6

ハウスB／側面イ 2枚

ヨーヨーキルト
つけ位置
3
4
落としキルティング
14
4返し口
アップリケ
6
コロニアルノットS

ハウスB／屋根 1枚

4返し口
ひもつけ位置
5
中心
6

ヨーヨーキルト 2枚

※裁ち切り
直径5

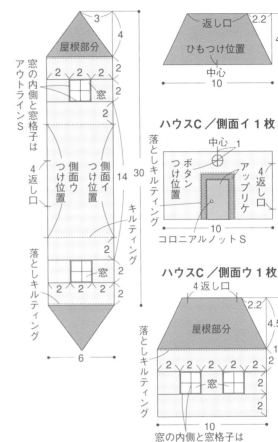

ハウスC／側面ア 1枚

3
屋根部分
4
窓の内側と窓格子は
アウトラインS
2 2 2
窓
2
2
4返し口
側面ウつけ位置
側面イつけ位置
14
30
キルティング
落としキルティング
2 2 2
窓
6

ハウスC／屋根 1枚

返し口
2.2
ひもつけ位置
4.5
中心
10

ハウスC／側面イ 1枚

中心 1
落としキルティング
ボタンつけ位置
アップリケ
4返し口
6
10
コロニアルノットS

ハウスC／側面ウ 1枚

4返し口
2.2
屋根部分
4.5
10.5
落としキルティング
2 2 2 2
窓
2
2
10
窓の内側と窓格子は
アウトラインS

仕立て方（3点共通）

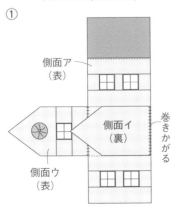

① 側面ア（表）
側面イ（裏）
側面ウ（表）
巻きかがる

側面アのつけ位置に側面イを
中表に合わせ、裏布をすくいながら
巻きかがりで縫いつける
※側面ウも同様に縫いつける

② 巻きかがる
側面ウ（表）
側面ア（裏） 側面イ（裏）

側面ア〜ウを起こし、
隣り合う辺を突き合わせて
裏布をすくいながら
巻きかがって立体にする

③ 巻きかがる
屋根（裏）
側面ア（裏） 側面イ（裏）

側面アの屋根部分に
別仕立ての屋根を
突き合わせて巻きかがる

④ 星止め
屋根（表）
0.2
ボタン
側面（表）

表に返して入れ口を
星止めし、
ボタンを縫いつける

出来上がり寸法　A8.75×6×5cm、
B11.75×5×5cm、C8.5×8×5cm

❀ 材料

・共通
ドア用はぎれ2種各10×10cm
窓用フェルト5×5cm
ループ用0.3cm幅スエードコード10cm
25番刺繍糸、手芸綿各適宜
・ハウスA
側面用ウール（底分含む）20×20cm
屋根用ウール10×10cm
・ハウスB
側面用ウール（底分含む）20×25cm
屋根用ウール10×10cm
・ハウスC
側面用ウール（底分含む）15×20cm
屋根用ウール15×10cm

❀ 作り方のポイント

・ 側面と本体を仕立てるときの巻きかがりは刺繍糸を使う。
・ 刺繍は2本取りにする。
・ 窓や飾りはビーズをつけたり刺繍をアレンジしてもよい。

❀ 作り方

① 側面アとイにアップリケ、刺繍をする。
②「屋根の作り方」を参照して屋根を作る。
③「仕立て方」を参照して本体を仕立てる。

❀ 実物大型紙はとじ込み付録B⑥

刺繍の刺し方
コロニアルノットステッチ

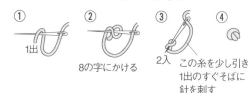

① 1出
② 8の字にかける
③ 2入
　この糸を少し引き
　1出のすぐそばに
　針を刺す
④

バックステッチ

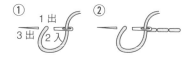

① 1出　3出　2入
②

ハウスA／側面ア2枚

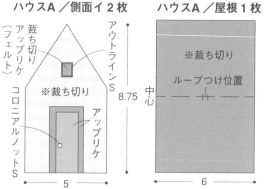

裁ち切りアップリケ
（フェルト）
アウトラインS
バックS
※裁ち切り
6

ハウスA／側面イ2枚

裁ち切りアップリケ（フェルト）
アウトラインS
※裁ち切り
コロニアルノットS
アップリケ
8.75
5

ハウスA／屋根1枚

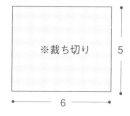

※裁ち切り
ループつけ位置
中心
9
6

ハウスA／底1枚

※裁ち切り
5
6

ハウスB／側面ア2枚

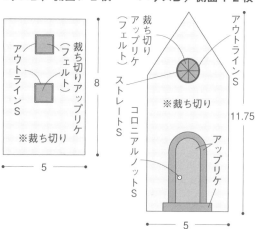

裁ち切りアップリケ（フェルト）
アウトラインS
裁ち切りアップリケ（フェルト）
アウトラインS
※裁ち切り
5

ハウスB／側面イ2枚

裁ち切りアップリケ（フェルト）
ストレートS
アウトラインS
※裁ち切り
コロニアルノットS
アップリケ
11.75
5

ハウスB／屋根1枚

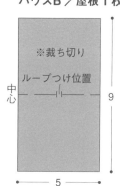

※裁ち切り
ループつけ位置
中心
9
5

ハウスB／底1枚

※裁ち切り
5
5

ハウスC／側面ア２枚

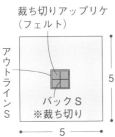

裁ち切りアップリケ
（フェルト）

アウトラインS

バックS
※裁ち切り

5

5

ハウスC／側面イ２枚

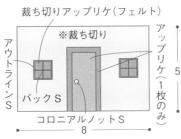

裁ち切りアップリケ（フェルト）

※裁ち切り

アウトラインS

バックS

コロニアルノットS

アップリケ（１枚のみ）

5

8

ハウスC／屋根ア２枚

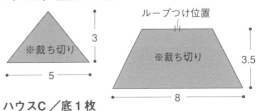

※裁ち切り

3

5

ハウスC／屋根イ２枚

ループつけ位置

※裁ち切り

3.5

8

ハウスC／底１枚

※裁ち切り

5

8

屋根の作り方

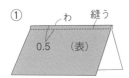

① わ　縫う

0.5　（表）

ハウスAとBは屋根用布を
外表に折って上部を縫う

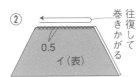

② 往復して巻きかがる

0.5　イ（表）

ハウスCは屋根用布イを
外表に重ねて上部を
刺繍糸で巻きかがる

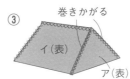

③ 巻きかがる

イ（表）

ア（表）

ハウスCの屋根用布アの
斜辺を外表に突き合わせ、
②と同様に巻きかがる

仕立て方（3点共通）

① 側面イ（表）

側面ア（表）

往復して巻きかがる

側面アとイを外表に
隣り合う辺を突き合わせ、
刺繍糸で巻きかがる

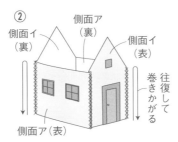

② 側面イ（裏）　側面ア（裏）

側面イ（表）

側面ア（表）

往復して巻きかがる

残り側面アとイを①と
同様に辺同士を突き合わせて
刺繍糸で巻きかがる

③ 巻きかがる

屋根（表）

側面ア（表）

側面イ（表）

側面イの斜辺と屋根の辺を
突き合わせ
②と同様に巻きかがる

④ 巻きかがる

屋根（表）

側面ア（表）

ハウスCは側面上部と
屋根の下部の辺を突き合わせ
②と同様に巻きかがる

⑤ 綿

底（裏）

側面下部と底の辺を突き合わせ、
②と同様に3辺を巻きかがる
内側に綿を詰める

⑥ 長さ8
ループ用コード

巻きかがる

綿をしっかり詰めたら残りの
辺を巻きかがる
屋根にコードを縫いとめる

❀ 材料

側面用布6種各5×25cm
上・下パーツ用布、厚紙各15×10cm
炎用フェルト10×5cm
直径0.1cmワイヤー15cm
ペレット50g
キルト綿、芯用黒無地各適宜

❀ 作り方

① ピーシングをして側面を作る。
② 上下のパーツを作る。
③ 炎パーツを上パーツにつける。
④「仕立て方」を参照して本体を仕立てる。

側面 1枚

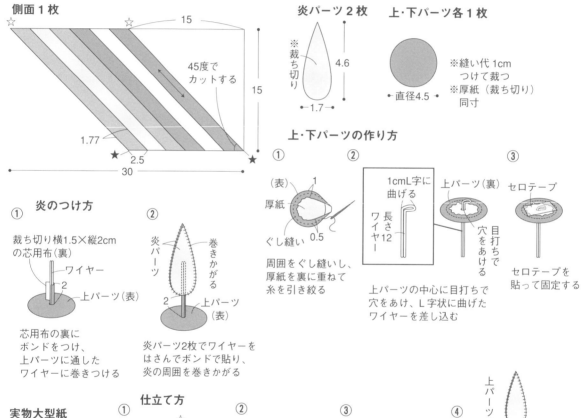

45度で
カットする

15

15

1.77

2.5

30

炎パーツ 2枚

※裁ち切り

4.6

1.7

上・下パーツ各1枚

※縫い代 1cm
つけて裁つ

※厚紙（裁ち切り）
同寸

直径4.5

上・下パーツの作り方

①
（表）
厚紙
ぐし縫い
1
0.5

周囲をぐし縫いし、
厚紙を裏に重ねて
糸を引き絞る

②
1cmL字に
曲げる
ワイヤー
長さ12
上パーツ（裏）
目打ちで
穴をあける

上パーツの中心に目打ちで
穴をあけ、L字状に曲げた
ワイヤーを差し込む

③
セロテープ
上パーツ（裏）

セロテープを
貼って固定する

炎のつけ方

①
裁ち切り横1.5×縦2cm
の芯用布（裏）
ワイヤー
2
上パーツ（表）

芯用布の裏に
ボンドをつけ、
上パーツに通した
ワイヤーに巻きつける

②
炎パーツ
巻きかがる
2
上パーツ（表）

炎パーツ2枚でワイヤーを
はさんでボンドで貼り、
炎の周囲を巻きかがる

実物大型紙

炎パーツ

※裁ち切り

仕立て方

①
側面（表）

側面の片側の縫い代を
裏へ折り、巻きながら
辺をまつって筒状にする

②
側面（表）
しつけ

上下の縫い代を
裏側に折り込み、
しつけをかける

③
側面（表）
キルト綿を
しっかり
詰める
下から5cmの
位置まで
ペレットを
入れる
巻きかがる
下パーツ（表）

側面下部に下パーツを
巻きかがり、内側に
ペレットと綿を詰める

④
上パーツ（表）
巻きかがる
側面（表）

側面上部に
上パーツを
巻きかがる

本体2枚

脇　　　　　　　　脇

14.4

10.6

返し口

※裁ち切りの接着キルト綿を貼る

裏布2枚

脇　　　　　　　　脇

14.4

10.6

ストレートステッチの刺し方

① 1出　2入　② ｜｜｜

すべてギンガムステッチ　　　　　　　　　　　　　　　　実物大図案

サークルステッチ　　　ストレートステッチ　　ダブルクロスステッチ

花のサークルステッチ

サークルステッチをダブルクロスステッチに通す

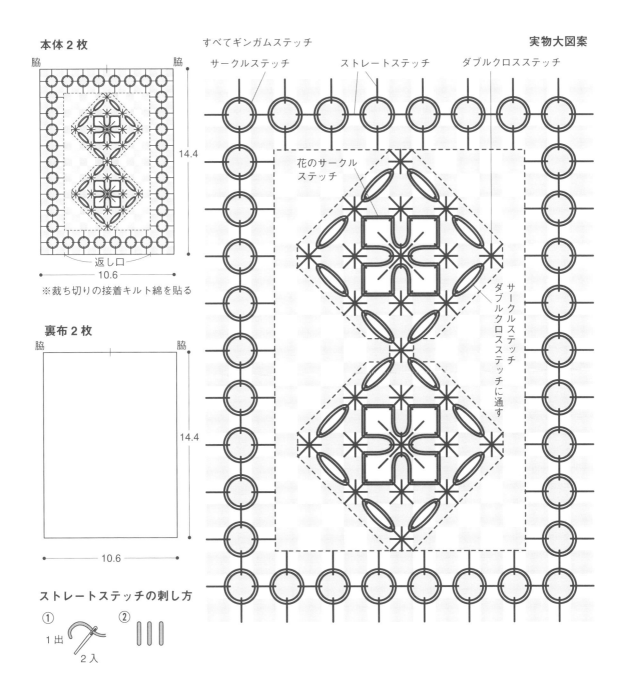

Profile

鷺沢玲子
Reiko Washizawa

キルト作家。「キルトおぶはーと」主宰。伝統的なトラディショナルキルトをはじめ、トラプントや刺繍などの手法を取り入れたさまざまなキルトを指導している。透明感のある繊細なキルトはファンが多く、日本を代表するキルト作家の一人。自宅アトリエでの教室のほか、カルチャースクールなどでも講座を持つ。雑誌の連載や著書も多数。2 年ごとにキルト展を開催している。

制作協力

- **チューリップ**

  毛利恵美子　石塚明子　岡田鈴子

- **BOOK 型ソーイングケース**

  有木律子　浅井直子　上野綾子　遠藤葉子

  二井真佐子　大谷由美子　丸山智子　児玉美智子

  鈴木葉子

- **トラプントのドイリー**

  本間真弓　佐藤則子　嶋野律子　山下延子

  吉田由美子　有賀京子　大竹利美

- **ギンガムチェックのスマホケース**

  古川充子　河田澄枝　横山のり子　鎌倉美智代

  大野美智子　吉田貴子　岡田恭子　前川朝美

  竹内靖子

撮影協力

AWABEES

Staff

撮影　宮濱祐美子　山本和正（21,32〜33,60〜63 ページ）
デザイン　橘川幹子
作図　爲季法子
編集　恵中綾子（グラフィック社）

鷺沢玲子の 花のキルト
やさしい暮らしを彩るパッチワークキルト

2023 年 2 月 25 日　初版第 1 刷発行
2023 年 4 月 25 日　初版第 2 刷発行

著　者：キルトおぶはーと　鷺沢玲子
発行者：西川正伸
発行所：株式会社グラフィック社
　　　　〒102-0073
　　　　東京都千代田区九段北 1-14-17
　　　　tel. 03-3263-4318（代表）
　　　　　　03-3263-4579（編集）
　　　　fax.03-3263-5297
　　　　郵便振替　00130-6-114345
　　　　http://www.graphicsha.co.jp

印刷・製本：株式会社シナノ パブリッシング プレス